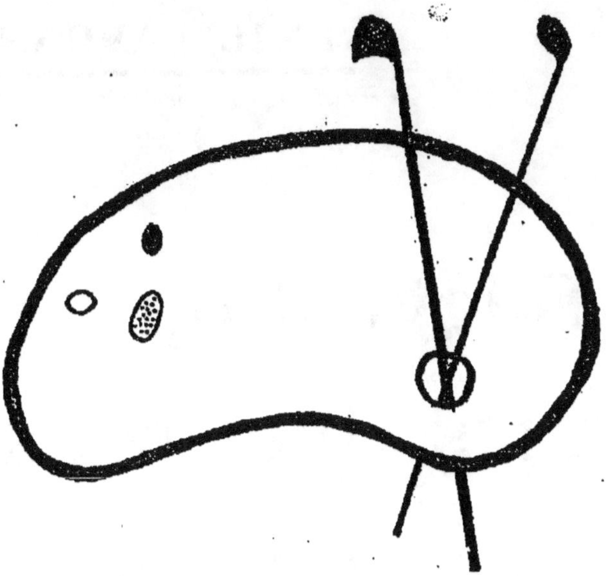

DEBUT D'UNE SERIE DE DOCUMENTS
EN COULEUR

...TIONS SCIENTIFIQUES

Dr H. LAVRAND

*Professeur à la Faculté libre de Médecine
de Lille.*

La Suggestion
et les Guérisons
de Lourdes

BLOUD & Cie

S. & R. 477.

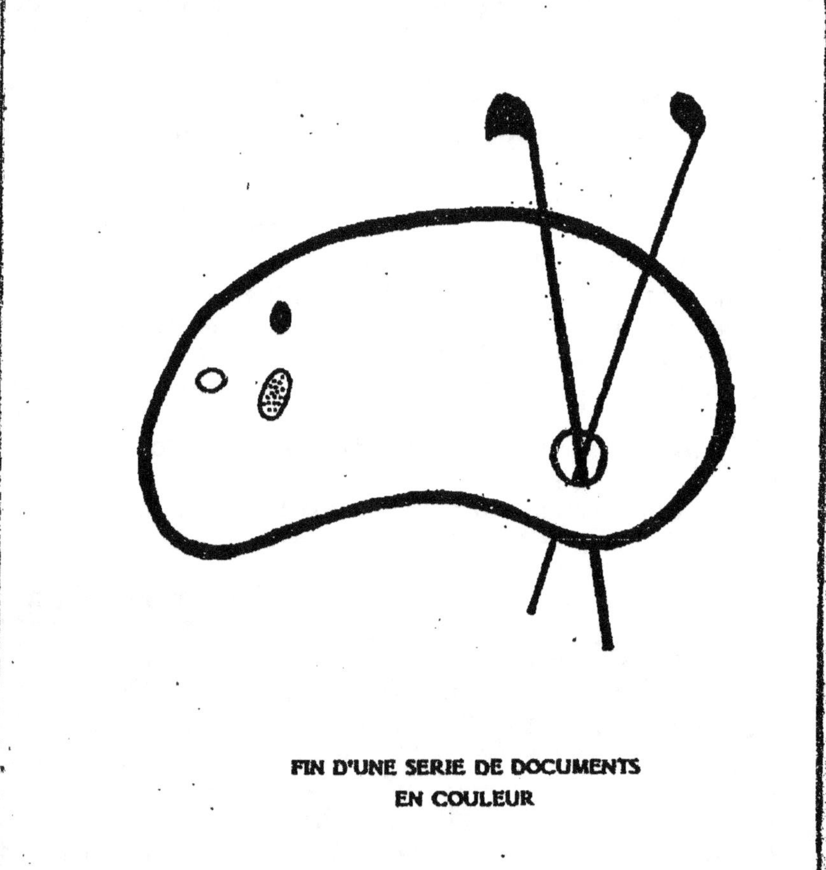

**FIN D'UNE SERIE DE DOCUMENTS
EN COULEUR**

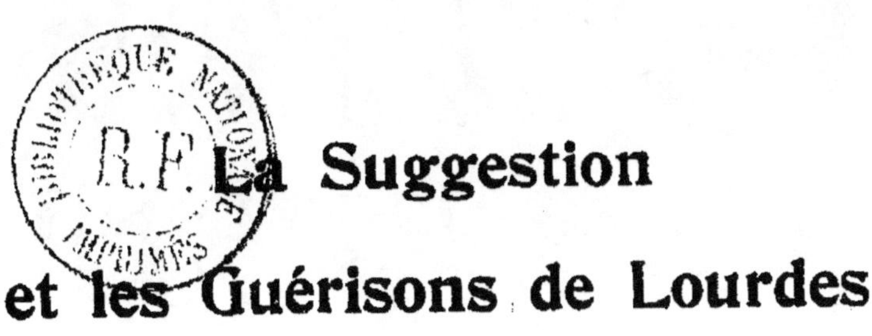

La Suggestion
et les Guérisons de Lourdes

La Suggestion

et les

Guérisons de Lourdes

PAR

le docteur H. LAVRAND

Professeur à la Faculté libre de Médecine de Lille.

PARIS

LIBRAIRIE BLOUD & Cie

4, RUE MADAME, 4

1908

Reproduction et traduction interdites.

Les effets parfois étranges produits par la suggestion et leurs caractères plus ou moins mystérieux attirent les hommes toujours captivés par ce qui paraît renfermer quelque chose de merveilleux.

Peu de personnes ont étudié à fond la suggestion et par suite savent ce qu'elle est, en quoi elle consiste, ce qu'elle peut réaliser. On en parle volontiers, et, même ceux qui devraient la bien connaître, s'en servent facilelement parce qu'elle semble commode pour expliquer des phénomènes obscurs ou extraordinaires. Les résultats obtenus grâce à elle, pour améliorer ou supprimer certains troubles chez les malades tourmentés par une névrose, ont fait croire que sa puissance était considérable, et tous ceux qui répugnent à examiner au point de vue religieux les guérisons obtenues à Lourdes, ont cru trouver en la suggestion l'agent de ces cures étonnantes, se croyant par là autorisés à méconnaître leur essence surnaturelle : c'est plus facile, d'apparence plus scientifique et, en notre temps, moins compromettant aux yeux des hommes ; enfin cela engage peu vis-à-vis d'un Être supérieur que l'on se dispense ainsi de reconnaître.

Nous avons essayé de voir ce qu'il fallait en penser.

La Suggestion et les guérisons de Lourdes

La suggestion.

L'état hypnotique n'est-il réalisable que chez un petit nombre d'individus ? Et ne réussit-on généralement à le provoquer que chez quelques névropathes, ou quelques hystériques ? Les médecins l'ont cru pendant longtemps. Mais depuis une trentaine d'années, l'opinion du public et celle du monde médical se sont complètement modifiées. Jusque-là, chaque fois que la question du somnambulisme et de l'hypnotisme surgissait, elle bénéficiait d'un court regain d'actualité surexcité par le côté merveilleux et étrange des phénomènes constatés, puis, la curiosité épuisée, l'indifférence coutumière reprenait le dessus. Il a fallu que des hommes de valeur reprissent cette étude au point de vue scientifique pour imposer par leur autorité et leur persévérance l'hypnotisme à l'attention des médecins dédaigneux ou indifférents : nous avons désigné Charcot, Richet, Liébault, après eux Bernheim et Beaunis, pour ne citer que quelques noms.

« La réalité des faits hypnotiques est également admise par un grand nombre de médecins et sera vite démontrée pour tous ceux qui voudront bien examiner ces faits sans idée préconçue et sans préjugés d'école » (1). Ainsi s'exprimait Beaunis dès 1887.

(1) BEAUNIS. *Le somnambulisme provoqué.*

Nous admettrons, avec le Dr Liébault, cinq degrés dans l'hypnotisme.

Premier degré : somnolence, pesanteur, engourdissement ;

Second degré : sommeil léger ; les sujets entendent encore tout ce que se dit autour d'eux ;

Troisième degré : sommeil profond ; les sujets ne se souviennent plus de ce qu'ils ont fait, dit ou entendu pendant leur sommeil, mais ils sont encore en rapport avec les personnes présentes comme avec leur hypnotiseur ;

Quatrième degré : sommeil très profond : l'isolement du sujet est complet, il n'est plus en rapport qu'avec celui qui l'a endormi ;

Cinquième degré : somnambulisme avec ses diverses variétés et ses différents degrés.

Le sujet hypnotisé n'est pas un corps inerte, en léthargie, car, dans la plupart des cas, même lorsqu'il paraît inerte, le sujet entend, a conscience plus ou moins dans les quatre premiers degrés ; on peut le voir rire, faire des réflexions sur son état.

Dans le somnambulisme il y a réellement sommeil puisque le cerveau se trouve plongé en un tel état qu'il y a ensuite au réveil amnésie, c'est-à-dire oubli de tout ce qui s'est passé durant l'hypnose. La *suggestibilité*, plus ou moins dessinée dans les quatre degrés, arrive avec le somnambulisme à son point culminant : les sujets se montrent hallucinables, analgésiques, suggestibles à tous les degrés.

« L'hypnotisme, écrit Bernheim (1), se traduit chez les différents sujets par des influences variables : simple engourdissement ou sensations diverses provoquées, de chaleur, de picotements, ou autres : c'est l'influence la plus légère. Plus accusée, la suggestibilité atteint la motilité, développe l'attitude cataleptique, l'impuissance motrice, la contracture, les mouvements automatiques. Plus accusée encore, elle affecte la volonté et

(1) BERNHEIM. *De la suggestion et de ses applications à la thérapeutique.*

produit l'obéissance automatique. Toutes ces facultés, motilité, volonté, et même la sensibilité peuvent être atteintes par la suggestion avec ou sans sommeil, alors même que celle-ci est impuissante à réaliser le sommeil... Alors, en général, la suggestibilité plus développée atteint les sphères sensorielles et sensitives, la mémoire et l'imagination ; les sensations peuvent être faussées, neutralisées, créées ; l'imagination peut évoquer les images mémoratives les plus diverses. » Notons bien que le sommeil lui-même, d'après l'Ecole de Nancy, n'est qu'une suggestion : le sommeil n'est pas nécessaire chez les bons somnambules pour réaliser la catalepsie, la paralysie, l'anesthésie, les hallucinations les plus complexes ; en un mot, la suggestibilité existe à l'état de veille, le sommeil la facilite seulement, quand il s'obtient : *la suggestion domine l'hypnose* ; aussi Bernheim définit-il l'hypnotisme, *la provocation d'un état psychique particulier qui augmente la suggestibilité.*

Sommeil. — Rien ne différencie pour certains auteurs le sommeil hypnotique du sommeil naturel. Si on abandonne à lui-même un hypnotisé plongé dans le sommeil profond, il dort inerte, tranquille comme le dormeur naturel ; les différents phénomènes de sensibilité, de motilité, d'idéation, d'imagination, d'hallucination n'apparaissent pas spontanément, il faut que la suggestion vienne les provoquer. Il est possible de se mettre en rapport quelquefois avec un dormeur sans le réveiller et d'obtenir les mêmes phénomènes que chez un hypnotisé. On réalise chez lui les mêmes suggestions ; le sommeil hypnotique n'est donc pas un sommeil pathologique, ni un état névrosique analogue à l'hystérie.

Le professeur Grasset (1) ne partage pas cette opinion. « L'hypnose n'est pas le sommeil naturel ; il a ses caractères psychologiques propres et certains symptômes indépendants de toute suggestion. Tout le monde n'est pas hypnotisable et tout le monde dort, et,

____

(1) GRASSET. *L'hypnotisme et la suggestion.*

si on peut donner des suggestions vraies à certains dormeurs, c'est à condition de transformer d'abord leur sommeil en hypnose. »

Nous croyons avec Bernheim qu'il est bien difficile de distinguer les deux sommeils. Seul le mode de production est différent ; mais cela nous paraît tout à fait insuffisant pour admettre une diversité d'espèce. *La nourrice* qui berce le bébé vagissant et l'endort, nous semble provoquer par un mouvement monotone et continu le sommeil qui n'avait sans lui aucune tendance à s'installer. Supposons que notre sujet dormant naturellement possède une suggestibilité développée, cela peut suffire pour produire les phénomènes observés dans l'hypnose. C'est donc bien la *suggestion* qui joue le rôle principal pour ne pas dire unique.

Si à l'état de veille les suggestions sont plus difficiles à produire que dans l'hypnose, cela vient de ce que la suggestibilité se trouve alors habituellement neutralisée par la raison, l'attention, le jugement, et parce que l'imagination est tenue en bride davantage. La suggestion doit être si bien la clef de voûte de toute la phénoménalité observée dans l'hypnose que, d'après Bernheim, l'hypnotiseur n'endort pas son sujet, mais il se borne à faire naître chez lui l'idée, l'image du sommeil, et, par ce moyen, à le mettre dans les conditions propres à s'endormir ; mais, au fond, c'est le patient qui se suggère à lui-même l'idée qu'il va dormir et qui s'efforce d'actualiser la suggestion, laquelle a été inspirée seulement par l'hypnotiseur. Ajoutons enfin que tous les hypnotisables, que tous les hypnotisés ne peuvent pas être endormis et cependant les suggestions chez eux se transforment en actes comme chez les endormis.

Encore une réflexion pour mieux préciser l'action de l'hypnotiseur. Citons Bernheim dont l'autorité et la compétence en pareille matière ne sauraient être contestées.

« Je me suis assuré que ce phénomène, que les magnétiseurs donnent volontiers comme un effet du mesmérisme, c'est-à-dire d'un *fluide* émanant de mon corps sous l'influence de ma volonté et agissant directement sur le magnétisé, n'est autre chose qu'un phénomène de suggestion. C'est parce que le sujet voit à travers des paupières mal jointes ou parce qu'il entend les mouvements que je fais, qu'il les imite. Si je fais clore ses yeux hermétiquement, les mouvements imités ne se réalisent point. »

Celui qui a été hypnotisé plusieurs fois et a été soumis aux mêmes expériences, les reproduit plus rapidement et plus complètement. L'hypothèse du fluide émis par l'hypnotiseur fournit de cette constatation une explication beaucoup moins satisfaisante que celle de la suggestion : l'influence fluidique de l'hypnotiseur demeure la même, la seule variante c'est la docilité du patient, sa malléabilité, sa suggestibilité s'augmentant par l'exercice. Il est permis de conclure de là que la suggestibilité joue dans ces circonstances un rôle très important sinon exclusif.

Nous voyons ainsi que l'hypnotiseur, sans émettre *aucun fluide* agissant sur le patient, évoque chez lui tout simplement l'idée du sommeil et concentre sur cette évocation toute son attention en isolant le sujet de toute distraction extérieure et en supprimant dans la mesure du possible les phénomènes psychiques volontaires. Il n'y a donc là rien autre que ce qui se passe dans la production du sommeil naturel, sauf que dans le premier cas l'idée du sommeil est suggérée par l'hypnotiseur qui pour cette raison demeure en rapport avec l'hypnotisé, tandis que dans le sommeil ordinaire le sujet s'est placé de lui-même dans des conditions propres à faire naître l'idée de sommeil, propres à transformer cette idée en acte ; bref il est son propre hypnotiseur, son propre endormeur, et ne conserve ainsi aucun rapport avec personne.

Dans le sommeil ordinaire le patient est calme, tranquille, inerte le plus habituellement ; cependant l'esprit ne dort pas : des faits le prouvent. Par exemple, certaines personnes s'éveillent d'elles-mêmes à l'heure qu'elles ont fixée. Un problème ou une affaire difficiles ont-ils occupé l'esprit, et le sommeil vient-il avant la trouvaille de la solution cherchée, le lendemain au réveil la difficulté est résolue. Durant le sommeil le travail s'est donc poursuivi d'une façon inconsciente, cérébral, automatique, latent.

D'autres fois des paroles ont échappé au dormeur traduisant le travail psychique qui s'effectue dans son cerveau à son insu et le matin il est tout surpris de ce qu'on lui rapporte, car il n'a aucun souvenir de ce qui s'est passé. Enfin il arrive que les rêves s'extériorisent, et même peuvent se traduire sous la forme d'actes somnambuliques. Le sujet ne garde aucun souvenir de ces rêves, ou bien se les rappelle quand on lui en parle, ou enfin ne les a pas oubliés du tout. Quelle ressemblance avec ce que l'on constate dans le sommeil hypnotique pour ne pas dire quelle identité ! La seule véritable différence réside dans la cause productrice : chez le dormeur ordinaire, tous les phénomènes, y compris le sommeil, sont le fait d'auto-suggestions ; chez l'hypnotisé le sommeil et les phénomènes observés apparaissent comme le résultat d'hétéro-suggestions ; mais dans les deux cas nous avons à la clef le sommeil, c'est-à-dire un état où le cerveau abandonne la direction, la maîtrise du moi, où les diverses facultés se dissocient pour aller chacune où les poussent l'imagination et le caprice ; elles sont émancipées du frein et du contrôle de la volonté libre : il semble que la raison a abdiqué, qu'elle a abandonné le gouvernail.

Le sommeil quel qu'il soit n'est pas la suppression des facultés intellectuelles, il est *un autre état cérébral* que celui de l'état éveillé et a pour action de dissocier les facultés supérieures des inférieures, de supprimer l'influence des premières et par là de favoriser le règne de l'automatisme et aussi du caprice : de la sorte l'état de suggestibilité s'établit, se développe et ouvre la porte à toutes les autosuggestions que l'imagination évoque dans le sommeil naturel et à toutes les hétérosuggestions que l'hynoptiseur fait passer dans l'esprit de l'hynoptisé : les idées, les associations, les souvenirs, les actes mêmes obéissent alors à l'automatisme et ne relèvent plus de la conscience ni de la volonté libre.

Cet état n'est que transitoire dans le sommeil naturel, et ne laisse pas de traces dans notre psychisme, tandis que dans le sommeil provoqué l'influence de l'hypnotiseur entretient et cultive cette dissociation des diverses facultés et développe la suggestibilité.

Le sommeil facilite l'automatisme et par là la culture de la suggestibilité en supprimant les effets des facultés de contrôle, mais, à l'état de veille, la suggestion peut se réaliser aussi, et cela d'autant plus aisément que le sommeil hypnotique est intervenu au début comme préparateur. Bernheim, d'ailleurs, explique comment on peut le comprendre : « La simple occlusion des yeux suffit chez beaucoup à déterminer un nouvel état de conscience. Le cerveau n'étant plus impressionné par les objets matériels sur lesquels l'attention se fixe, tombe dans un état passif ; le sujet ne regardant plus avec ses yeux ne regarde plus, si je puis ainsi dire, avec son cerveau. L'activité nerveuse délaisse les centres d'attention supérieurs et se concentre sur les centres automatiques. » Quand nous voulons rappeler un souvenir ou engendrer en nous une impression profonde « nous nous concentrons : nous fermons les yeux ; nous soustrayons le sensorium à à toute impression autre, et ainsi nous évoquons le souvenir latent ou bien nous gravons profondément l'impression voulue. »

Dans ces opérations nous nous servons de nos facultés supérieures, de la volonté consciente et libre ; mais il arrive que nous les laissons de côté, ces facultés supérieures, dans *la rêverie* par exemple : les anciens souvenirs, les impressions passées, les images perçues autrefois se déroulent devant les yeux de notre esprit, si l'on peut dire et, parfois avec une vivacité extraordinaire, au point qu'ils semblent non des réminiscences, mais des faits actuels. Si, plongés dans ces rêves ou rêveries, quelque impression sensorielle vive, la voix d'un ami nous rappellent brusquement au sentiment de la réalité ambiante, il arrive fréquemment que nous ne pouvons plus ensuite nous souvenir de ce qui intéressait si vivement notre esprit l'instant d'auparavant, idées, souvenirs, images ; il y a amnésie tout comme après le sommeil hypnotique. « L'état de conscience s'est modifié, dit Berhneim ! N'est-ce pas là spontanément et à notre insu, réalisé chez nous un état comparable à l'état hypnotique provoqué ; même exaltation des facultés imaginatives, ou même absorption de l'esprit par une idée, souvent même insensibilité, souvent même amnésie au réveil. »

En résumé, pendant notre sommeil le cerveau continue à penser, à travailler sans que nous en ayons conscience, sans que nous le sachions ; cependant il persiste encore un état de conscience spécial mal relié sans doute à l'état de conscience ordinaire de l'état de veille, mais pourtant non complètement indépendant ; ainsi le fait de se réveiller à l'heure que l'on a fixée avant de s'endormir, ou le fait de se réveiller plusieurs fois craignant de manquer le moment où l'on doit se lever, témoignent évidemment de la persistance du souvenir dans un état de conscience particulier, vague, obscur, ou même inconnu du moi éveillé. Tout cela en somme se réduit à la suggestion ; cette suggestibilité, comme le démontre l'expérience, peut être cultivée, augmentée par l'exercice et par l'entraînement.

Mécanisme de la suggestion. — Cherchons à nous rendre compte de ce qui se passe dans la dissociation qui accompagne le sommeil hypnotique et qui permet de réaliser les suggestions. Le professeur Grasset (1), de Montpellier, nous paraît avoir imaginé une hypothèse, très intéressante à ce point de vue, elle nous semble mieux que celles proposées jusqu'ici projeter quelque lumière dans des phénomènes si complexes et encore si obscurs. Nous essaierons d'en donner la substance en nous inspirant largement de cette magistrale étude psychophysiologique.

Occupons-nous tout d'abord de *l'automatisme supérieur* dénommé aussi *psychisme inférieur*. Il faut distinguer cette fonction automatique de l'arc réflexe ordinaire moins complexe, car elle aboutit à des actes coordonnés, intelligents, spontanés dans une certaine limite.

(1) Grasset. *L'hypnotisme et la suggestion.*

Cette fonction automatique est donc bien une fonction psychique dont les centres siègent dans l'écorce grise du cerveau ; cependant nous devons la séparer soigneusement, « de la *fonction psychique supérieure,* siège de l'intellectualité supérieure, de la personnalité pleine et vraie, de la conscience entière et morale, de la liberté et de la responsabilité. »

Un acte est considéré comme automatique quand il n'est pas voulu librement et qu'il présente les caractères de la spontanéité. Pourtant, entendons-nous ; la *spontanéité vraie* n'est pas admise scientifiquement, car tout mouvement n'est qu'une transformation d'un mouvement antérieur ; cependant le mouvement automatique paraît spontané parce qu'il n'a pas besoin d'une excitation extérieure immédiate pour s'actualiser ou se réaliser, au contraire du mouvement réflexe simple : comme exemple de mouvement réflexe citons le soulèvement de la jambe et du pied immédiatement après le choc du tendon rotulien avec un percuteur quelconque.

Enfin un acte est automatique quand, en outre de sa spontanéité, il n'est pas voulu librement, délibérément, mais exécuté machinalement sans réflexion, à l'inverse de l'acte psychique supérieur.

Les réflexes simples ont leurs centres dans l'axe bulbo-médullaire ; les réflexes supérieurs ou automatiques inférieurs, c'est-à-dire coordonnés sans intellectualité, comme la marche où les deux jambes s'associent, centralisent leurs mouvements dans les centres basilaires et mésocéphaliques ; les centres des actes automatiques supérieurs ou psychiques inférieurs se trouvent dans l'écorce cérébrale ou substance grise des circonvolutions mais sont distincts cependant des centres du psychisme supérieur également situés dans l'écorce.

En O est le centre *psychique supérieur* formé d'un grand nombre de neurones indépendants (2) ; c'est le

____

(1) V. Pierre JANET. *L'Automatisme psychologique et état mental des hystériques.*

(2) Les neurones sont les cellules des centres nerveux considérées avec leurs prolongements centripètes et centrifuges. Voir BALTUS in *Science et Religion,* nᵒˢ 213-215.

centre du moi personnel, conscient, libre et responsable.

Au-dessous se trouvent, toujours dans l'écorce, les

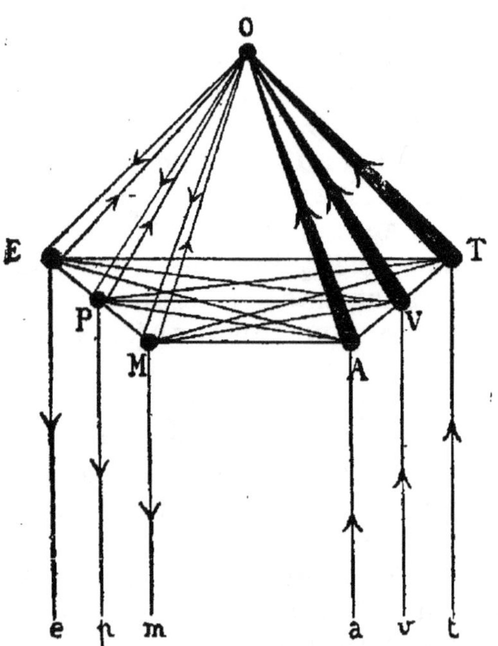

centres automatiques supérieurs ou psychiques inférieurs dont la distribution peut être comparée schématiquement à un *polygone* AVTEPM ; d'un côté les centres sensoriels, de réception, A = centre auditif, V = centre visuel, T = centre de sensibilité générale ; de l'autre, les centres moteurs, de transmission, M = centre kinétique ou du mouvement, P = centre de la parole articulée, E = centre de l'écriture.

Ces centres, tous corticaux, sont reliés entre eux de toutes les manières par des fibres, dites d'association, transcorticales et intra-polygonales, reliés à la périphérie par des fibres sous-polygonales, centripètes aA, vV, tT, les autres centrifuges Ee, Pp, Mm ; enfin ils sont en relation avec le centre supérieur, le plus élevé en hiérarchie et centralisateur, O, par des fibres sus-polygonales, les unes centripètes, ou idéo-sensorielles (on devrait dire sensorio-idéales) et les autres idéo-motrices ou centrifuges.

Les actes automatiques deviennent conscients lorsque O en prend connaissance, sinon ils restent inconscients ; cependant il faut bien considérer les actes polygonaux comme psychiques, parce que l'on remarque en eux de la mémoire et de l'intellectualité.

Un exemple permettra de mieux préciser ces conceptions un peu abstraites. Une personne à qui l'on parle peut répondre consciemment et volontairement : le son des paroles a suivi aA O pour descendre de O en Pp. Si au contraire les réponses sont machinales, automatiques, les voies cérébrales seront aA Pp, O sera en dehors des éléments nerveux qui ont présidé à la perception et à la réalisation (1).

Dans l'état normal et physiologique, tous ces centres agissent en plus ou moins grand nombre à la fois, mêlant et intriquant leurs actions. L'étude de la *distraction et du sommeil* nous permettra dans la vie courante de surprendre une certaine dissociation entre le polygone et le centre O, d'analyser en quelque sorte séparément chacun d'eux, sans qu'il y ait altération pathologique de O.

Un *homme distrait* est celui qui pense à une chose et en fait une autre : O abdique son action de contrôle, son influence directrice sur les actes polygonaux, ou bien parce qu'il est fatigué, ou bien parce qu'il est fortement absorbé par une idée ou par une occupation : chaque groupe de centres agit séparément, l'association et la coordination habituelles sont momentanément supprimées.

Ainsi Archimède, absorbé par ses recherches et tout à la joie de la solution enfin trouvée, se précipite dans la rue en criant *Eurêka* (centre O), mais il n'a pas pris garde à son costume par trop primitif (méfait du polygone non contrôlé par O). Dans le *Voyage autour de ma chambre*, Xavier de Maistre, sous les noms de Moi et l'Autre, a spirituellement décrit les actes exécutés par son polygone livré à lui-même : il sort pour aller à la Cour et tout à coup constate que l'Autre (son polygone) l'a conduit à la porte de Mme de Hautcastel. Il veut faire griller du pain pour son café ; ce pendant O se

(1) Les centres dont nous parlons ne possèdent aucune réalité anatomique ; il n'y a là qu'une hypothèse : tout se passe comme s'ils existaient vraiment. Ils sont commodes pour l'explication. Surtout ne pas croire que O représente l'âme et qu'avec lui nous ayons la prétention de la localiser, il groupe seulement les centres psychiques supérieurs dont nous ignorons les diverses localisations.

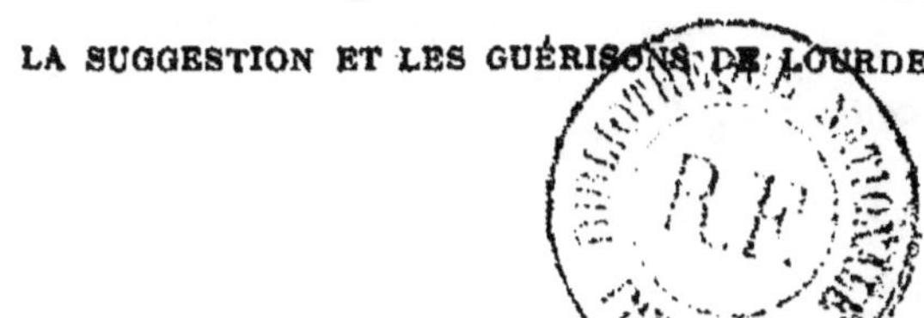

distrait et le polygone isolé laisse brûler ses doigts.

Les actes du distrait ne sont ni volontaires, ni libres, ils restent donc indépendants de O ; pourtant ils rentrent dans le psychisme, puisqu'ils sont coordonnés, intelligents et spontanés quoique non nouveaux ; ce sont, en effet, des actes habituels, car les centres polygonaux ne se meublent que par l'habitude. Ainsi un débutant ne pourrait jouer du piano et tenir conversation en même temps : le polygone a besoin de O.

Les actes automatiques de distraction sont ordinairement inconscients, mais pendant ou après leur exécution la conscience peut en prendre la connaissance et même la direction. Bien plus « O peut retrouver un jour, dans son polygone une impression qui s'y était déposée à son insu ». (Grasset.)

Il est permis d'en dire autant *du sommeil* qui, d'après Maury (1), « ralentit ou suspend l'action de l'encéphale, en ce qui tient aux manifestations physiques placées sous la dépendance de l'action et de la volonté ».

« Le repos du cerveau (dans le sommeil), dit Gyel (2), est surtout caractérisé par l'obnubilation de la volonté consciente morale, obnubilation qui n'empêche pas les autres modes d'activité psychique de persister ou même de s'accroître, malgré le sommeil. »

En somme, écrit Grasset, c'est le centre O qui se repose ; mais le psychisme polygonal conserve son activité ainsi que le démontrent les rêves. En effet, les rêves sont des phénomènes psychiques puisqu'on y rencontre des idées, des images avec de la mémoire plus ou moins, puis dans une certaine mesure de l'intelligence et du jugement ; pourtant il y manque de l'intellectualité supérieure, de la volonté libre : aussi les rêves sont-ils absurdes le plus souvent par la bizarrerie de l'enchaînement des idées et des images ; ils ne respectent d'ailleurs aucunement les notions de temps ni

(1) MAURY. *Le sommeil et les rêves.*

(2) GYEL. *L'être subsconscient.*

d'espace, c'est-à-dire que les facultés supérieures interviennent à des titres très variables.

Dans le sommeil comme dans la distraction les communications de O avec les centres polygonaux sont complètement interrompues ou persistent à des degrés divers. Les dormeurs n'ont souvent aucune conscience des rêves que trahissent leurs cris ou leurs mouvements ; d'autres fois ils ont connaissance et souvenir plus ou moins nets plus ou moins atténués de leurs songes, et le centre O cherche avec un succès inégal à prendre sur les rêves l'influence qu'il doit légitimement exercer sur le psychisme polygonal.

Il y a non seulement à considérer ces voies sus-polygonales entre O et le polygone, mais encore les voies sous-polygonales entre les appareils sensoriels et le polygone. Pendant le sommeil naturel quelques sujets entendent ce qui se dit d'eux, sentent le moindre frôlement ; d'autres sont absolument insensibles à tout ce qui se passe autour d'eux ; seuls un bruit intense ou une forte secousse se montrent capables de les réveiller ; enfin certains, inertes pour toute excitation extérieure, percevront la voix d'un être cher : telle une mère qui s'éveillera au moindre cri de son enfant et n'entendra pas un grand coup de tonnerre.

Une impression sensorielle peut arriver aux centres polygonaux à l'insu de O, prendre place dans l'agencement du rêve, en modifier l'allure, en changer l'orientation. Certaines personnes entendent les paroles qu'on leur adresse, y répondent, tout en les incorporant à leurs songes.

Les impressions viscérales, comme les sensorielles et les périphériques, jouent également leur rôle dans la direction des rêves : chacun connaît l'influence d'une mauvaise digestion sur la genèse des cauchemars durant la nuit ; ainsi les alcooliques rêvent souvent d'animaux effrayants ou répugnants, de lions, de serpents, surtout de rats. « Il y a réellement, dans le rêve, une source précieuse et même une source capitale de renseignements, non seulement sur notre état psychologique, mais même sur notre état physiologique le plus intime qui se réfléchit en quelque sorte librement pendant le sommeil dans les domaines subconscients de notre esprit... car il est tout à fait certain que ce rêve a un substratum physique, qu'il y a eu dans le sommeil un trouble pathologique » (Vaschide et Pierron) (1). Les rêves possèdent donc une réelle valeur indicatrice ou révélatrice en séméiologie pathologique. Cependant il faut être très circonspect ; l'interprétation exacte et raisonnée reste difficile et obscure, car « les sensations sont vraies dans leurs points de départ ; elles arrivent au polygone. Mais O dort, n'intervient pas et le polygone fait son roman. Pendant le sommeil de O, le polygone peut même exécuter des actes assez compliqués : conduire une voiture, continuer une route à cheval, marcher. » (Grasset.)

La mémoire durant le sommeil se comporte de manières très variées : au réveil on se rappelle le rêve fait ou seulement qu'on a rêvé et rien autre ; ou bien encore des rêves pendant lesquels on a poussé des cris, sont complètement oubliés. Quelquefois un rêve oublié à l'état de veille reparaît dans la mémoire durant un rêve ultérieur. Enfin, plus surprenant encore, une idée ou une image déposée dans le polygone à l'état de veille, à l'insu du sujet, se retrouve dans le rêve : par exemple on reconnaît en songe une personne qu'on croyait n'avoir jamais vue. O cessant de diriger le polygone, la vie automatique s'exerce librement et manifeste ses souvenirs propres emmagasinés sans la participation de O, c'est-à-dire de la conscience.

A l'état de veille on lutte contre ses défauts et ses mauvais instincts ; dans les songes, « je me laisse aller aux accès les plus violents de colère, aux désirs les plus effrénés, et, quand je m'éveille, j'ai presque honte de ces crimes imaginaires. » (Maury.)

La distraction et le sommeil laissent analyser assez facilement à l'état normal l'activité automatique ou polygonale isolée de l'influence de O. Dans l'état normal

____

(1) Vaschide et Pierron. *La physiologie du rêve au point de vue médical.*

toujours, mais cependant déjà dans un état de faiblesse voisin des frontières de la maladie, il existe une certaine fatigabilité rapide de O qui rend plus aisé, plus fréquent le repos de ce centre O, accroît et facilite l'isolement des centres polygonaux, partant conditionne la manifestation des actes automatiques, parce que O cesse son action de contrôle.

Un pas de plus et nous arrivons à la pathologie où nous rencontrons les maladies mentales. Là, le centre O est souffrant (lésion nerveuse organique ou névrose); quant au polygone il est malade ou il est bien portant. Grasset cite souvent l'histoire de ce paralytique général qui ne reconnaissait pas les rues de Montpellier et s'égarait quand il cherchait à s'y retrouver avec O, mais qui rentrait chez lui automatiquement, polygonalement, quand il occupait les débris de O à autre chose : il n'arrivait à sa demeure que quand il ne s'y appliquait plus.

Physiologiquement, nous éprouvons souvent des phénomènes analogues : nous voulons écrire un mot, mais nous hésitons sur l'orthographe exacte : les efforts sont inutiles ; alors nous prenons la plume et, sans plus penser à ce que nous cherchions en vain, nous écrivons automatiquement polygonalement, et cette fois d'une façon correcte, ce que O avait oublié.

En s'appuyant sur les faits cliniques qui nous montrent réalisée la dissociation des psychismes supérieur et inférieur (1), nous sommes obligés d'admettre ces deux groupes de centres, tout en reconnaissant que dans la vie normale l'intrication de tous ces centres, O et polygone, se trouve si bien réalisée que nous ne pouvons les distinguer facilement et directement ; l'étude de la distraction, du sommeil et des troubles morbides vient nous fournir des exemples de dissociation instructifs.

Joffroy a objecté ceci contre l'existence des deux

____

(1) Certains aphasiques ont conservé tout le langage automatique et ont perdu le langage conscient et volontaire ; comment le concevoir si l'on n'accepte pas l'existence de lésions des centres psychiques supérieurs avec intégrité des centres du psychisme inférieur ?

groupes de centres psychiques : un acte volontaire au début est devenu automatique ensuite et a constitué un tic ; l'acte a-t-il changé de centre ? Grasset a répondu : « Non, l'acte n'a pas changé de siège, mais au commencement il s'exécutait avec le concours du centre O et des centres polygonaux ; puis il s'est simplifié : les centres polygonaux éduqués, habitués, ont suffi à le produire ; dès lors O s'en est désintéressé.

« O reste le centre supérieur de l'activité intellectuelle élevée, de l'invention et de l'imagination créatrice. Dans l'exemple, cité plus haut, d'Archimède, le centre O avec lequel il a trouvé le problème est bien supérieur au centre avec lequel il court tout nu (polygone). » (Grasset.)

L'hypnose ou l'état hypnotique ne saurait être caractérisé par les modifications que le sommeil apporte dans la mobilité du sujet, en dépit des affirmations de l'Ecole de la Salpêtrière qui en 1889 admettait un grand hypnotisme avec symptôme moteurs constants. De même ni la sensibilité, ni les symptômes psychiques de l'hypnose (état de la mémoire, profondeur du sommeil, état de la conscience) ne présentent la caractéristique que nous désirons. Il faut en revenir à la conception de l'Ecole de Nancy avec Liebeault et Bernheim ; le seul caractère constant, spécifique de l'hypnose, c'est la suggestibilité ; un sujet hypnotisé est celui à qui l'on peut faire des suggestions.

Suggestibilité. — Que doit-on entendre par l'état de suggestibilité, par la suggestion ? La suggestibilité est cette disposition de notre moi psychique à se laisser suggestionner. D'après Bernheim, la suggestion est « l'acte par lequel une idée est introduite dans le cerveau et acceptée par lui ». Avec cette conception, la parole, la lecture, l'enseignement, tout est suggestion. « On voit décrire sous le même nom la leçon d'un professeur à ses élèves et les hallucinations provoquées chez une hystérique. » (P. Janet.) « Toute idée est une suggestion. La suggestion est dans tout. » (Bernheim.) Voilà où l'on en arrive. Non, la suggestion n'est pas si compréhensive ; l'entendre ainsi serait un abus de langage.

Nous voulons bien admettre que la suggestibilité est, dans une certaine mesure, « une propriété physiologique du cerveau humain », mais au degré où elle apparaît dans l'hypnose, surtout après un certain entraînement, elle constitue une propriété physiologique déformée, grossie, hypertrophiée, devenue extra-normale, sinon anormale.

A l'état physiologique, personne ne le niera sérieusement, nos actes sont libres et nous en sommes responsables ; dans l'hypnose, sous l'influence de la suggestion, le sujet n'a plus ni cette liberté ni cette responsabilité : il est devenu un automate entre les mains de son hypnotiseur. Il y a bien là un état pour le moins extra-normal.

Dans la réalité nous séparerons toujours la persuasion et l'influence de la suggestion, par le degré de personnalité qu'y mettra le sujet, c'est-à-dire par la part de liberté qu'il opposera à l'action d'autrui sur son intellectualité raisonnable. Ces réserves faites, nous accepterons l'opinion de Bernheim : « L'état hypnotique n'est pas un état anormal, il ne crée pas de nouvelles fonctions ni des phénomènes extraordinaires : il développe ce qui se produit dans l'état de veille : il exagère, à la la faveur d'une nouvelle modalité psychique, la suggestibilité normale que nous possédons tous à un certain degré : notre état psychique est modifié de manière à réaliser avec plus d'éclat et de netteté les images et les impressions évoquées. »

Oui, l'état de suggestibilité a bien son point de départ dans le physiologisme, mais il exige pour se développer et devenir tel qu'on l'observe dans l'hypnose, une déviation du psychisme ordinaire ou normal, ou encore une exagération de ce qui se produit naturellement dans la distraction et le sommeil habituel. En effet, les influences qu'une personne peut exercer sur une autre, telles que, conversation, persuasion, conseil, ordre, sont obéies plus ou moins rapidement ; cependant l'influencé accepte, mais non aveuglément, l'effet qu'on cherche à produire sur son esprit, il se soumet volontairement, il consent à obéir après avoir examiné, réfléchi plus ou moins sérieusement : il a raisonné et jugé avec son O. Dans la suggestion, au contraire, l'hypnotiseur commande, s'impose à l'hypnotisé qui, sans réfléchir, sans juger, obéit machinalement, comme un automate, à ce qu'on lui suggère, il obéit à l'idée qu'on introduit, comme par effraction, dans son cerveau.

En nous appuyant sur le schéma de Grasset, nous voyons que deux conditions sont nécessaires pour réaliser la suggestibilité, pour faire des suggestions.

D'abord il faut une désagrégation mentale, c'est-à-dire la dissociation suspolygonale : le centre O avec ses fonctions de contrôle n'agit plus sur le polygone et celui-ci se trouve *émancipé* du moi volontaire, raisonnable et libre.

Il y a plus ; cette absence d'influence de O sur le polygone ne suffit pas pour créer la suggestibilité ; car on la rencontre dans certains états sans que le sujet devienne suggestible pour cela. Le polygone doit donc non seulement être émancipé de O, mais aussi être *malléable*. Cette malléabilité polygonale consiste en ce que l'hynoptisé exécute docilement les ordres de l'hypnotiseur dont le centre O s'est substitué au centre O du sujet en état d'hypnose.

Nous savons que le polygone hynoptisé garde son activité propre, qu'elle peut même être exaltée quelquefois par la cessation de l'influence de O ; les actes psychiques accomplis par le polygone isolé sont parfois très compliqués, mais il restent dans le domaine du psychisme inférieur ou de l'automatisme supérieur.

Ajoutons enfin que dans l'hypnose les communications suspolygonales centrifuges, c'est-à-dire l'action de l'O sur le polygone, sont seules nécessairement supprimées ; les communications suspolygonales centripètes peuvent être conservées à des degrés divers ; « de là des variétés d'hypnose dans lesquelles le sujet a conscience de ses impressions et de ses actes polygonaux ; O assiste à l'activité polygonale qu'il ne régit plus et qui est dirigée par

O de l'hypnotiseur. Voilà, je ne dis pas l'explication (le fond de tout cela reste très obscur, mais la conception psychologique la plus simple de l'état de suggestibillité ; c'est un polygone émancipé de son centre O, qui obéit au centre O de l'hypnotiseur. » (Grasset.)

Sans vouloir trancher la question de la nature de l'hypnose et affirmer qu'elle est un phénomène normal ou morbide, nous admettons cependant qu'elle provoque un état anormal par la culture de certaines propriétés psychiques, en leur donnant une prépondérance plus grande que normalement.

Citons le fait suivant d'après Chambard (1), pour montrer comment un acte souvent répété fait corps avec l'idée suggérée et comment le sommeil naturel produit la dissociation sus-polygonale : « Alors qu'il était Directeur de l'Opéra, le docteur Véron invita un jour à sa table les demoiselles du corps de ballet et leurs mères. Après un repas bien arrosé, les vénérables matrones tombèrent dans un sommeil plein de douceur. Une idée bizarre et bien digne d'un médecin, né homme d'esprit, s'empara de l'amphytrion : « Cordon, s'il vous plaît ! » clama-t-il d'une voix tonnante. Et l'on vit alors les dormeuses faire machinalement, mais avec un ensemble parfait, le geste traditionnel, trahissant ainsi l'exercice d'une profession dont leurs filles rougissaient et qu'aucune n'aurait avouée quelques instants auparavant. »

Jusqu'ici nous avons parlé de la suggestion provoquée par l'hypnotiseur, c'est-à-dire venant de l'extérieur, ou *hétéro-suggestion*. Un sujet a reçu l'ordre de s'endormir à une date fixe ; le moment arrivé, il s'*auto-suggestionne*, et s'endort. L'auto-suggestion peut être plus spontanée : un patient endormi plusieurs fois, pourra s'endormir seul, sans suggestion extérieure, lorsqu'il rencontrera une idée ou une image analogues à celles qui l'avaient endormi auparavant.

Pour Charcot, l'auto-suggestion jouerait un rôle im-

(1) CHAMBARD. Etude symptomatologique sur le somnambulisme *Lyon Médical*, 1883).

portant dans le développement de l'hystéro-traumatisme. Dans ce cas, le centre O du blessé a été fortement impressionné par le traumatisme ; d'après Grasset, O agit sur son propre polygone à la façon d'un hypnotiseur et le met en état de désagrégation et de malléabilité si bien que O n'a plus d'action sur son polygone et qu'il faut le secours d'un hypnotiseur étranger pour renouer les relations rompues entre O du blessé et son polygone.

Il semble plus rationnel de croire que l'ébranlement résultant du traumatisme trouble les centres nerveux et désagrège les centres O et polygonaux en équilibre instable chez les hystériques.

Sans poursuivre les suggestions dans toutes leurs manifestations, nous ne pouvons négliger leurs effets sur *les appareils habituellement soustraits à la volonté*. De prime abord, il ne semble pas que l'hypnotiseur puisse exercer sur le polygone séparé du centre O du sujet une action plus puissante que le O du sujet lui-même et agir en l'état d'hypnose sur des fonctions qui à l'état normal ne sont pas sous l'action volontaire de ce centre O.

Nous savons que l'écorce cérébrale exerce son influence même sur des fonctions non soumises à notre volonté : (digestion, circulation, sécrétion...) c'est-à-dire à fonctionnement automatique. La preuve en est éclatante pour tout le monde par la constatation des effets, sur ces fonctions involontaires, des émotions, des passions, des actes psychiques : une émotion vive, la colère, une nouvelle imprévue bonne ou mauvaise font rougir, uriner ou aller à la garde-robe sans que nous puissions réprimer ces manifestations ; elles modifient l'appétit, la digestion, indépendamment de notre vouloir. Nos larmes coulent souvent malgré nous ; la peur, l'angoisse couvrent subitement le corps de sueur. Par contre certaines personnes réussissent à modifier volontairement les battements de leur cœur non pas seulement pour les accélérer mais encore pour les ralentir. Inutile de rappeler que par un effort de volonté, sous l'empire d'un sentiment de pudeur, d'une émotion violente, nous réusissons à retenir nos larmes prêtes à couler, à réfréner par une contraction énergique de nos sphincters un besoin impérieux de miction ou de défécation.

Tarchonoff, cité par Jules Soury (1), rapporte le cas d'un jeune homme qui, à l'inverse des faits observés habituellement, contractait volontairement les muscles du pavillon de l'oreille, lesquels échappent communément à l'innervation volontaire.

De nombreux auteurs, Danilewsky, Hitzig, Bochefontaine, François Franck, Semon et Horsley, pour n'en citer que quelques-uns, ont démontré l'influence des excitations de l'écorce cérébrale expérimentales et pathologiques pour élever la pression sanguine, pour modifier le rythme respiratoire en agissant sur les contractions des muscles thoraciques, pour exagérer la secrétion des glandes salivaires enfin, pour exalter la contractilité des tuniques musculaires de l'estomac et de l'intestin.

La rate, le foie, le pancréas, le larynx, l'appareil urinaire et l'appareil génital se laissent influencer par les excitations de l'écorce du cerveau.

La température organique avec son centre régulateur thermique subit aussi l'influence de l'écorce.

Bref, l'organisme entier est dépendant du cerveau, lequel règle en définitive l'activité de tous nos appareils et de toutes nos fonctions, qu'ils soient ou non soumis à notre volonté. Il faut donc abandonner absolument la division ancienne du système nerveux en deux groupes indépendants : le système cérébro-spinal pour les phénomènes de la vie de relation (conscients et volontaires) et le système du grand sympathique pour les actes inconscients et involontaires.

En somme, aucun organe n'échappe à l'influence du cerveau : par conséquent aucun organe, partant aucune fonction n'échappent à la suggestion. On voit par là combien la psychothérapie (2), ou la thérapeutique de l'esprit et par l'esprit, trouve de fondements scienti-

(1) Jules Soury. *Le Système nerveux central* (1899).

(2) Lavrand. *Traitement de la volonté et psychothérapie.*

fiques et quelles immenses ressources elle offre au praticien qui la connaît et sait s'en servir.

Une objection se présente aussitôt à l'esprit ; le polygone émancipé de O, le centre de l'automatisme supérieur, serait plus puissant dans l'hypnose qu'à l'état ordinaire lorsqu'il est associé avec O. Voici la seule réponse à faire : c'est qu'il s'agit d'appareils automatiques qui n'ont pas besoin de l'écorce ni de O pour leur fonctionnement. Dans la suggestion, O reste distrait des fonctions automatiques, mais le polygone exerce par le fait de sa dissociation et de sa plus grande malléabilité une influence dont à l'état physiologique ordinaire, il se désintéresse, parce que son action, pas plus que celle de O, ne sont nécessaires dans la direction des appareils automatiques inférieurs (nous savons que les centres polygonaux sont le siège de l'automatisme supérieur).

Quelques exemples vont nous démontrer que cette influence scientifiquement possible de l'écorce sur les fonctions involontaires se réalise dans les phénomènes observés ; il importe peu que cette réalisation soit plus rare que les autres suggestions.

M. Focachon, pharmacien à Charmes, suggère à une femme, pendant le sommeil hypnotique, qu'il se produira à l'aine gauche, où elle ressent une douleur, une cloche comme celle du vésicatoire. Le lendemain l'ampoule y était apparue. L'expérience est renouvelée à Nancy devant Liébeault et Bernheim : on applique des timbres-poste et on suggère qu'il y aura vésication. Un pansement est appliqué, la malade surveillée. Le lendemain au bout de huit heures, quand le pansement est levé, il n'y avait que le premier degré de la vésication, mais, vers quatre heures du soir, les cloches étaient formées et la suppuration a duré une quinzaine de jours.

Bourru et Burot hypnotisent un soldat de marine hystéro-épileptique et lui disent : « A quatre heures, ce soir, tu iras t'asseoir dans le fauteuil de notre cabinet, tu te croiseras les bras et tu saigneras du nez. » Il y eut en effet quelques gouttes de sang dans les circonstances prescrites.

Dans l'asile d'aliénés de Lafond, près la Rochelle, le Dr Mabille a déterminé par suggestion une série d'hémorragies suivant des mots ou lettres qu'il traçait sur la peau de ses hypnotisés.

Charcot et ses élèves ont produit fréquemment à la Salpêtrière, des brûlures par suggestion après quelques heures d'incubation.

Charcot suggère à un patient en hypnose que sa main droite enfle, devient plus grosse que l'autre, qu'elle bleuit, puis qu'elle rougit, passe au violet, enfin qu'elle est dure et se refroidit de plus en plus. Au bout de cinq ou six séances de ce genre la main a presque doublé de volume et ressemble de tous points à la main d'une hystérique atteinte d'œdème bleu spontané.

Rybalkin a déterminé une brûlure du second degré à un endroit déterminé en suggérant au sujet qu'il se brûle sur un poêle.

Marès et Hellich ont produit par suggestion un abaissement de température jusqu'à 34° 5.

Debove, Sollier et d'autres ont réalisé par suggestion des anorexies et des boulimies alternantes. Sollier a supprimé la sensibilité de l'estomac avec anorexie et a retardé par là l'évolution générale du chimisme stomacal, phénomène aisé à constater.

Cette influence exercée par la suggestion sur les fonctions habituellement soustraites à la volonté est physiologiquement possible et cliniquement vraie (Grasset) ; mais elle ne se produit pas avec la constance des autres suggestions. Il semble donc démontré par ces quelques faits que la suggestion peut agir sur la fonction cardiaque et l'innervation vaso-motrice (et sur d'autres fonctions aussi). « Toutefois, les phénomènes de cet ordre se réalisent plus rarement ; ils sont exceptionnels et s'obtiennent chez quelques sujets seulement. J'ai essayé inutilement chez beaucoup de les reproduire. Ces faits suffisent cependant pour établir que le cerveau, alors qu'il est dans un état de concentration psychique spéciale, peut influencer même sur les fonctions organiques qui, à l'état normal, ne semblent que peu justiciables de la volonté. » (Bernheim.)

II

La Suggestion dans la thérapeutique.

Lorsque l'on veut étudier l'hypnotisme scientifiquement, au moins pour ce qu'on en sait actuellement, il faut toujours en revenir aux deux grandes écoles françaises qui synthétisent nos connaissances sur ce sujet, à savoir l'Ecole de la Salpêtrière et l'Ecole de Nancy.

Ecoutons d'abord la Salpêtrière avec son grand hypnotisme : « L'hypnotisme n'agissant, ainsi que nous pensons l'avoir établi, que sur les névropathes, pour ne pas dire les hystériques, les manœuvres ne devront être employées comme moyen thérapeutique que pour la cure des accidents relevant de cet état pathologique. Nous en tirerons immédiatement la conséquence sur laquelle nous nous étendrons bientôt plus longuement, qu'il est médicalement interdit, sous peine de voir se développer une foule d'accidents beaucoup plus graves que ceux qu'on entreprendrait de guérir, d'hypnotiser les sujets ne présentant pas les symptômes de l'hystérie confirmée (1). »

« Voici un sujet, dit Gilles de la Tourette (2), porteur d'une paralysie ; nous l'endormons ; pendant le sommeil nous lui suggérons que sa paralysie doit disparaître ; elle disparaît en effet et l'hypnotisme a triomphé. Ce sont les théoriciens de l'hypnose qui parlent ainsi et les observateurs sincères qui ont la pratique du

(1) RICHER et GILLES DE LA TOURETTE, art. *Hypnotisme* in *Dict. encyclopédiq. des Sc. Médic.*

(2) Leç. de cliniq. thérap. sur les mal. nerveuses.

traitement des hystériques sont loin de partager leur enthousiasme. L'hypnotisme n'est pas autre chose qu'un paroxysme hystérique provoqué au lieu d'être spontané... Le médecin ne peut savoir à l'avance si les effets qu'il va produire, au lieu d'être curatifs, ne seront pas simplement désastreux. »

Le côté thérapeutique se trouve donc peu recommandé et l'on comprend qu'avec de pareils appréciations les médecins de la Salpêtrière aient peu développé le traitement par le grand hypnotisme.

Tout au contraire, l'Ecole de Nancy s'est efforcée de bonne heure d'étendre les applications thérapeutiques de la méthode hypnotique. Citons Pîtres rappelant la pratique de Nancy. Si la médication suggestive « ne fait pas de bien, elle ne peut pas faire de mal et, dans toutes les maladies, il y a, en dehors des lésions que la suggestion ne saurait détruire, des troubles fonctionnels surajoutés qu'elle peut atteindre et modifier heureusement. » En partant de ces principes des médecins de Nancy, de Paris, de Berlin, de Londres, « s'efforcent d'hypnotiser tous les malades qui se confient à à eux : ataxiques, tuberculeux, cancéreux, coxalgiques, dysentériques, etc., et ordonnent à l'un d'eux de ne plus souffrir, à l'autre de manger avec appétit, au troisième de ne plus aller à la garde-robe que deux fois par jour, etc., Ils obtiennent, disent-ils, des succès remarquables et publient des statistiques prodigieusement belles. »

La divergence si considérable que l'on constate entre Paris et Nancy provient de la différence de conception. Paris n'a admis longtemps que le grand hypnotisme dans lequel l'hypnose est caractérisé par le sommeil avec trois formes : catalepsie, léthargie et somnambulisme. Nancy ramène tout, même le sommeil, à la suggestion, et applique, ce qui appartient en propre à cette Ecole, la suggestion au traitement des maladies d'une manière systématique et raisonnée. Ecoutons Bernheim : « Je définis la suggestion dans le sens le plus large : c'est l'acte par lequel une idée est introduite dans le cerveau et acceptée par lui... Tout ce qui entre par une oreille dans l'entendement, tout ce qui, avec ou sans contrôle préalable, est accepté par lui, tout ce qui persuade, tout ce qui est cru, constitue une suggestion par le sens auditif. Les avocats, les prédicateurs, les professeurs, les orateurs, les négociants, les charlatans, les séducteurs, les hommes d'Etat, etc., sont des suggestionneurs. »

Dans la thérapeutique suggestive nous voyons absorbés l'éducation et la pédagogie, toute la psychothérapie et les traitements moraux. Il n'y a en somme aucune influence quelle qu'elle soit, exercée par un homme sur son semblable, qui ne rentre dans la suggestion. Or, être suggestible, c'est être crédule à l'excès, être prêt à accepter même l'absurde si l'absurde est impérieusement affirmé ; il faut n'avoir plus de volonté, avoir abdiqué son jugement, avoir renoncé à l'usage de sa raison. Nous ne comprenons pas que la suggestion qui profite de cet état d'instabilité de l'être psychique, qui n'a d'autre but que d'accroître cette désagrégation des facultés automatiques d'avec les facultés supérieures ou de contrôle et d'annihiler ces dernières, nous ne comprenons pas que la suggestion répétée en augmentant la suggestibilité puisse être considérée comme un moyen d'éducation et de perfectionnement, un moyen d'affirmation et de développement de la personnalité humaine, car tous ces résultats réclament précisément l'exercice et l'accroissement d'influence des facultés maîtresses sur les facultés moins personnelles, moins élevées de l'âme.

Enfin il est permis de se demander comment un état de désagrégation, de dissociation mentale peut être capable d'agir comme traitement moral, puisqu'il réalise dans un état extra-physiologique précisément ce que les maladies mentales tendent à produire pathologiquement.

Entre des opinions si différentes émises par les deux groupes observateurs que nous venons de citer, il doit y avoir une opinion moyenne proche de la vérité, car ces opinions reposent toutes deux sur des faits observés sérieusement ; seule l'interprétation a pu varier. Nous croyons vraiment que l'hypnothérapie suggestive est susceptible de rendre des services importants dans le traitement des maladies, mais à la condition de ne pas en faire une méthode exclusive, une méthode embrassant toutes les maladies, et de ne l'employer que dans les cas où elle a chance de fournir des résultats véritables.

L'hypnose ne réussit pas chez tous les sujets : il y a des contre-indications à son emploi. Je ne parle pas des personnes non hypnotisables ; il va sans dire que, chez les réfractaires au sommeil provoqué, on n'obtiendra rien au point de vue thérapeutique, ou beaucoup moins, car ces patients sont peu suggestibles.

L'effet le plus important de l'hypnotisme consiste à reproduire ou à exagérer la désagrégation sus-polygonale, bien loin de contribuer à ramener l'unité normale dans laquelle O et le polygone, étroitement unis, agissent de concert en respectant la hiérarchie des fonctions et des facultés. Richer et Gilles de la Tourette avaient raison de dire que l'hypnotisme représente le meilleur révélateur des accidents hystériques, même des plus graves, lorsqu'il n'est pas manié avec prudence et discernement.

D'ailleurs, on trouve une preuve que l'hypnotisme crée ou augmente cette désagrégation sus-polygonale, dans ce fait que les séances répétées parviennent à rendre possible ou à faciliter la suggestion à l'état de veille, c'est-à-dire permettre à l'hypnotiseur de substituer son influence propre à celle du centre O de l'hypnotisé.

Bérillon objecte que l'hypnotisme est moralisateur, donc bien loin de détruire la volonté des sujets, bien loin de les rendre malléables et de les mettre à la merci des influences étrangères, il développe au contraire leur vouloir et leur spontanéité. Témoins les enfants pervers, kleptomanes, vicieux que l'on corrige au moyen de l'hypnose : on réaliserait ainsi un dressage systématique de la volonté.

On ne saurait nier les faits avancés par Bérillon, mais c'est leur explication qu'on a le droit de repousser

parce qu'elle va contre les effets produits par l'hypnotisme. Non, Bérillon ne fortifie pas ainsi la volonté
chez ses sujets vicieux ; avec Grasset nous dirons
que cet hypnotiseur combat chez eux, annihile ou
guérit des troubles morbides polygonaux qui gênent
chez l'enfant le libre exercice de la volonté et de
la direction morale de O. Du reste, Bérillon le reconnaît implicitement quand il écrit : « Ce qui caractérise
l'impulsion kleptomaniaque que l'on observe fréquemment chez les enfants dégénérés, c'est l'automatisme et
l'inconscience absolue qui président à l'accomplissement de l'acte.

« Il ressort clairement de l'ensemble des faits dont
vous venez d'entendre l'exposé que quand on endort
inconsidérément des personnes prédisposées aux manifestations névropathiques, on s'expose à exagérer les
tendances morbides dont ces personnes portent le
germe et à déterminer l'explosion de symptômes
neurasthéniques, hystériques, ou vésaniques d'une
réelle gravité. L'hypnose provoquée est certainement
un agent perturbateur du système nerveux (1). »

L'hypnose produit ou exagère la désagrégation sus-
polygonale, voilà *son principal, et même son seul inconvénient vrai.* Est-ce là une raison suffisante pour
rejeter absolument cette méthode thérapeutique ?

Peut-on *séparer l'hypnose ou sommeil hypnotique de
la suggestion ?* Nous avons vu que pour Bernheim le
sommeil lui-même est le résultat d'une suggestion du
sujet ; il dort parce qu'il croit qu'il va dormir. On
admet aisément que le sommeil hypnotique à lui seul,
sans autre suggestion, peut calmer des attaques d'hystérie trop violentes, par exemple en appliquant les
doigts sur les paupières closes et en appuyant légèrement sur les globes oculaires. Il modère, d'après Pitres,
des convulsions trop intenses ou trop prolongées et
certains délires ou agitations trop bruyantes chez les
malades qui empêchent l'entourage de reposer.

La suggestion, venant s'ajouter au sommeil propre-

____

(1) PITRES. *Leçons cliniques sur l'hystérie et l'hypnotisme,* 1891.

ment dit, trouve des applications beaucoup plus nombreuses et plus intéressantes en thérapeutique.

Tous les genres de suggestions peuvent être utilisés, même ceux qui portent sur les appareils non habituellement soumis à la volonté. D'après Wundtz, « les effets sécréteurs et vasomoteurs de la suggestion permettent toujours d'agir sur les fonctions nutritives ; et les conséquences de cette action s'étendent au delà du domaine des effets fonctionnels immédiats. »

L'action suggestive sur la nutrition proprement dite reste encore bien limitée si elle existe. Cependant on diminue ou arrête une hémorragie normale, on fait reparaître une perte de sang normale ou on l'augmente ; on agit aussi sur les sécrétions morbides ou physiologiques pour les modifier, les tarir ou les régulariser. Mais cette influence demeure toujours irrégulière, inconstante, elle manque même chez un grand nombre de sujets. Tous les autres sont d'accord pour considérer la *suggestion psychique* comme la plus réalisable, la plus féconde en résultats thérapeutiques.

Comment la suggestion agit-elle ici ? Quel est le mécanisme de son influence curative ? Nous savons que le suggestionneur introduit une idée dans le cerveau, la fait pénétrer par effraction dans le psychisme du suggestionné, qui l'accepte sans examen, sans discussion, sans contrôle, la croit sienne et se comporte en conséquence. Dans ces conditions, la raison n'intervient pas ; bien plus elle se désintéresse de ce qui se passe dans le psychisme inférieur ; et, si les suggestions sont fréquentes, la raison prend l'habitude de cette séparation, de cette renonciation ; on conçoit que cette désagrégation de O et du polygone s'effectuera de plus en plus facilement. Si donc la suggestion est appelée à rendre des services dans divers états morbides somatiques et mentaux, son mode d'action commande une prudente réserve et limite forcément son emploi, comme nous l'avons noté aux contre-indications.

Avec Grasset nous admettons que la suggestion introduit dans le polygone une idée neuve qui détruit l'idée morbide en la remplaçant, en la troublant ou en la corrigeant.

1° *Action substitutive.*—Il est bien connu aujourd'hui que dans des crises très pénibles si l'on réussit à distraire son attention, ou si un événement fortuit, une impression forte occupent l'esprit puissamment, le mal s'adoucit ou même cesse d'être perçu. D'autre part, si nous fixons notre attention sur un organe, sur un trouble fonctionnel, non seulement nous ressentons plus vivement les maladies et les douleurs, mais nous grossissons, nous donnons corps aux impressions fugitives, aux sensations les plus légères et les transformons, quand nous ne les créons pas de toutes pièces par auto-suggestion, en troubles qui peuvent revêtir une importance considérable. Quelquefois nous entretenons ainsi une douleur qui continue à nous tourmenter alors qu'elle n'a plus de cause réelle, alors même que la lésion ou le trouble générateurs ont disparu.

Les exemples suivants sont bien connus dans la littérature médicale. Pascal se guérit d'un mal de dents violent en s'appliquant à résoudre le problème de la courbe cycloïde ou roulotte. Padioleau fit disparaître chez une femme, en avançant la pendule, une fièvre « par cause morale » dont les accès revenaient toujours à quatre heures du soir.

Or le succès s'obtient avec plus ou moins de facilité et cela selon l'intelligence et la culture du sujet. En suggérant, pendant le sommeil, l'idée de la guérison, on substitue dans son polygone cette idée de santé à l'idée morbide de douleur ou de paralysie.

On réussit à produire ainsi une action substitutive qui se traduit par une action perturbatrice plus ou moins accusée.

2° *Action dérivative.* — C'est la méthode lente opposée à l'effet dérivatif ou brutal de la méthode précédente ; le procédé reste le même : l'idée suggérée remplace en s'implantant graduellement l'idée à corriger. On y arrive non plus directement par l'introduction, la substitution de l'idée neuve qui doit chasser l'idée morbide, mais par la pénétration dans le psychisme du suggestionné d'idées quelconques qui peu à peu finissent par se substituer à ce que l'on veut chasser : on procède ici par dérivation.

De tout cela nous pouvons déduire les limites de l'action thérapeutique de la suggestion. Seul le polygone se trouve influencé ; O reste tout à fait en dehors de la puissance du suggestionneur, de même que les voies de communications sus-polygonales, c'est-à-dire des voies reliant le polygone au centre O. On conçoit que les maladies mentales, dans lesquelles O est le siège du mal, échappent complètement aux effets curateurs de la suggestion. Les névroses graves ne tirent aucun bienfait non plus de la thérapeutique suggestive, dont l'action efficace, nous l'avons vu, se borne aux localisations étroites, bien définies, de la névrose, sur tel ou tel appareil.

Bernheim, lui aussi, malgré l'extension qu'il donne à la suggestion, malgré l'abus qu'il en fait quand il l'étend jusqu'à l'éducation, jusqu'à la conversation ordinaire, Bernheim reconnaît des bornes mêmes assez étroites à la puissance de la suggestion. « Je ne prétends pas, dit-il, que la suggestion agisse directement sur l'organe malade, pour supprimer la congestion vasculaire, résoudre l'exsudat inflammatoire, restaurer les éléments du parenchyme détruit ou dégénéré. » Nos agents thérapeutiques usuels ne constituent que des médications fonctionnelles : la suggestion, pour le même auteur, ne saurait être qu'une médication fonctionnelle puissante.

Nous connaissons l'influence exercée par les centres nerveux et notamment par l'écorce cérébrale sur toutes nos fonctions : la sensibilité, le mouvement, la nutrition, les sécrétions, les excrétions, la calorification sont gouvernés plus ou moins directement par le cerveau. Cet organe nerveux central intervient ou peut intervenir utilement pour rétablir *dans la mesure du possible*, le jeu des organes et des fonctions troublés.

Evidemment, si nous avons une hémorragie cérébrale qui a détruit toute la capsule interne, et produit une hémiplégie avec contracture, la suggestion ne pourra, pas plus que les autres médications, rétablir une fonction dont l'organe est supprimé par la maladie.

Supposons que quelques fibres conductrices de la capsule interne aient persisté. En apparence nous observerons les mêmes symptômes ; les fibres persistantes ne sont impotentes cependant que par défaut de dynamisme : leur paralysie motrice n'est que fonctionnelle et pourtant elles restent inhabiles à récupérer leur fonction d'elles-mêmes. « Impuissantes à sortir spontanément de leur torpeur, la suggestion peut agir dynamiquement sur elles ; l'activité psychique mise en jeu, concentrée vers ces fibres, leur apporte un stimulus nouveau qui ranime leur modalité engourdie. L'influx cérébral arrive grâce à cette excitation dynamogénique à se frayer une voie jusqu'aux cellules motrices ; la conductibilité interrompue une fois rétablie, la fonction se restaure. (Bernheim.)

On cite, dans cet ordre d'idées, des hémianesthésies organiques persistant depuis plusieurs années qui ont été guéries par des soins divers : électrisation, magnétothérapie, suggestion ; que des paralysies dynamiques, hystériques, psychiques ont cédé, même après avoir duré des années et avoir résisté à tous les traitements, ont disparu comme par enchantement à la suite d'émotion morale violente.

Le trouble fonctionnel peut survivre à la cause ou à la lésion qui lui a donné naissance, nous l'avons vu. Ce trouble qui n'a plus de substratum depuis que sa cause a disparu, semble retenu par le système nerveux, car celui-ci a une grande tendance à conserver certaines modalités qui l'ont impressionné. La toux, les tics, les mouvements nerveux, les vomissements, la diarrhée, par exemple, sont des phénomènes automatiques qui relèvent habituellement des centres polygonaux ; mais lorsqu'ils ont été reproduits un certain nombre de fois, ils sont en quelque manière devenus une sorte d'habitude fonctionnelle du système nerveux. Dans ces cas l'influence morale et la suggestion exercent souvent une action utile comme l'hydrothérapie, le massage, l'électrisation, et modifient heureusement le physiologisme du système nerveux en faisant cesser les troubles qui tendent à s'éterniser malgré la disparition de la cause : elles provoquent une désaccoutumance.

On admet encore l'efficacité de l'influence psychique dans le domaine de la pathologie nerveuse, mais en dehors de ce domaine, on se montre plus hésitant, plus sceptique. Sans doute, contre une articulation luxée, contre une ankylose osseuse ou fibreuse, contre une lésion organique, la suggestion ne donnera aucun résultat. Dans une arthropathie rhumatismale chronique, par exemple, avec lésions ne rendant pas le fonctionnement de la jointure impossible, « la suggestion calmant la douleur, rendant au malade la possibilité d'imprimer à l'articulation les mouvements nécessaires à son intégrité, restituant ainsi aux tissus fibro-séreux leur souplesse, à la synovie son onctueux, à la circulation capillaire son activité, peut agir efficacement pour améliorer et guérir l'arthropathie ». (Bernheim.)

D'après Pitres (*loc. cit.*), le sommeil hypnotique ne paraît pas avoir par lui-même d'action curative sérieuse. Ce n'est pas le sommeil hypnotique qui guérit, quand il y a guérison, c'est la suggestion et cela en proportion de la suggestiblité des sujets et en raison de la nature des troubles pathologiques. En somme, c'est un moyen excellent quand il réussit, mais sa puissance apparaît souvent limitée et surtout très incertaine. « Il arrive parfois qu'un accident supprimé par suggestion est remplacé par un autre accident plus désagréable que le premier, de telle sorte que les malades, qui ont en somme perdu au change, viennent demander en grâce au médecin de leur rendre le mal qu'ils avaient primitivement. » (Pitres.)

En résumé, la suggestion ne guérit pas les lésions organiques ; elle permet parfois de supprimer des symptômes fonctionnels gênants et par suite, c'est-à-dire indirectement, de favoriser l'amélioration des affections analogues à des arthrites chroniques, à la condition que les lésions ne soient pas irrémédiables.

L'hypnotisme avec la suggestion trouve donc des indications précises et rend des services comme agent thérapeutique. S'il peut exercer son influence sur toutes les fonctions de l'organisme, au même titre que le fait l'écorce cérébrale, cette action toutefois est inconstante, souvent impossible à réaliser ; seuls les effets de la suggestion sur les troubles du psychisme inférieur ou de l'automatisme supérieur, ce qui est tout un, nous le savons, se produisent avec une régularité, une efficacité et une constance suffisantes pour lui accorder une place honorable dans notre arsenal thérapeutique, mais ne jamais oublier que cette méthode présente des inconvénients à côté des avantages, qu'elle doit être usitée avec réserve, qu'il faut en préciser les indications et les contre-indications et enfin que cette méthode rencontre des limites assez étroites en dehors desquelles son emploi reste inutile quand il ne devient pas dangereux.

La suggestion à l'état de veille se distingue de la suggestion pendant le sommeil hypnotique ; elle mérite d'être retenue par les services nombreux qu'elle est susceptible de rendre, mais son action apparaît moins puissante que celle de la suggestion hypnotique ; c'est regrettable, parce qu'elle n'offre pas les inconvénients de désagrégation sus-polygonale de l'hypnose.

Une expérience de Slosson (1899) citée par Binet (1) mérite d'être rapportée, car elle est bien curieuse. Dans un cours public, devant un auditoire quelconque, non choisi, le professeur verse sur du coton de l'eau d'une bouteille, en écartant la tête. Il affirme que l'odeur du liquide versé est inconnue ; cependant il espère que personne ne sera incommodé par cette odeur quoique forte et d'une nature spéciale. Il prie ceux qui la sentiront de lever la main aussitôt ; quinze secondes plus tard les personnes du premier rang lèvent la main et avant la fin de la première minute les trois quarts des auditeurs avaient perçu la prétendue odeur. Quelques-uns même, se trouvant indisposés, se préparaient à quitter la salle quand Slosson révéla qu'il avait fait usage d'eau pure.

(1) BINET. *La Suggestion* (1900).

Dans cette circonstance, il faut faire une part à l'imitation, à l'entraînement des foules, ou entraînement grégaire, mais il n'en est pas moins vrai que la suggestion à l'état de veille avait parfaitement eu lieu pour un certain nombre de sujets.

Concluons avec Pitres : « La thérapeutique hypno-suggestive n'est applicable qu'à un certain nombre limité de cas. Elle compte à son actif des succès incontestables ; aussi faut-il savoir l'employer à l'occasion. Mais il ne faudrait pas lui demander plus qu'elle ne peut donner et appliquer systématiquement au traitement de toutes les maladies. Et pour résumer mon opinion en quelques mots, je vous dirai : Usez de la suggestion, n'en abusez pas ; restez médecins, ne devenez pas hypnotiseurs. »

III

La suggestion à Lourdes.

Les malades accourent en foule et de toutes parts aux pieds de la Vierge à la grotte de Massabielle demander la guérison. Beaucoup sont améliorés, quelques privilégiés reviennent guéris et les maladies qui disparaissent soudainement, complètement, sans retour, sont très variées, souvent graves et ont résisté aux soins prolongés d'un ou de plusieurs médecins.

Nous nous proposons d'étudier quel rôle la suggestion peut jouer dans ces faits étranges et déconcertants.

Nous résumons, d'après le Dr Deschamps, S. J., le fait suivant dont on appréciera le puissant intérêt.

Fracture de jambe guérie instantanément au bout de huit ans.

Pierre De Rudder, de Jabbeke (Flandre Occidentale), en Belgique, était un ouvrier agricole au service du sénateur Albéric du Bus de Ghisignies. A l'âge de 44 ans, le 16 février 1867, il fut victime d'un accident : un arbre que l'on abattait roula sur lui, le renversa et lui broya la jambe gauche ; d'après le Dr Affenæer, d'Oudenbourg, le tibia et le péroné étaient fracturés au tiers supérieur. En enlevant un bandage amidonné, au bout de quelques jours, on aperçut une ulcération sur le dos du pied et sur la jambe une plaie gangreneuse

(1) Deschamps. *Un Miracle contemporain* in *Science et Religion*, n° 222, chez Bloud.

communiquant avec le foyer de la fracture. Par cette dernière on découvrait les quatre fragments osseux baignant dans le pus et dépouillés de leur périoste, sans aucun travail de réparation ; un séquestre, ou fragment osseux nécrosé, avait été enlevé par le médecin et au bout de longs mois on ne constatait pas de consolidation osseuse.

Trois autres médecins consultés successivement, dont un chirurgien de Bruxelles, avaient conseillé l'amputation du membre blessé.

Au printemps de 1874, Pierre était assis au seuil de sa maisonnette quand il vit le Dr Van Hœstenberghe, de Stalhille, qui l'avait soigné à plusieurs reprises. Il l'appela et celui-ci constata la persistance de la plaie de la jambe d'où découlait une sérosité purulente, brunâtre et très fétide. Le praticien trouva encore la mobilité anormale ; saisissant le membre en haut et en bas et cherchant à le plier, il fit apparaître au fond de la perte de substance les quatre fragments des deux os brisés.

Le Dr Verriest, de Bruges, releva les mêmes constatations et ne voyait d'espoir de guérison que dans l'amputation.

A la fin de décembre 1874, l'état du blessé fut constaté le même, sans changement.

Le vendredi 2 avril, cinq jours avant le voyage à Oostacker, M. Jean Houtsæger, tonnelier à Jabbeke, remarqua que la jambe gauche « était cassée entre le pied et le genou ; si bien cassée que le malheureux pouvait sans la moindre difficulté tourner les orteils en arrière, en laissant le genou en place ; et quand il pliait la jambe à l'endroit de la blessure, on apercevait entre les chairs meurtries les bouts des os brisés ».

Le 4 et le 6 avril, des témoins examinèrent la plaie et reconnurent la mobilité anormale si particulière ; le pus s'écoulait toujours abondant et fétide.

Le 7 avril, Pierre se traîna à béquilles jusque chez le garde-barrière Pierre Blomme, qui lui dit : « Qu'allez vous faire à Oostacker ? Restez plutôt chez vous et gardez votre argent pour des choses plus utiles. »

A son arrivée à Oostacker, le cocher de l'omnibus, grand et fort, le descendit seul de la voiture, et, frappé du ballottement du membre, s'écria : « En voilà un qui perd sa jambe. » Enfin dernier détail : le cocher manifesta bruyamment son mécontentement à la vue du pus mêlé de sang qui avait coulé de la jambe sur le plancher de la voiture.

Soutenu par ses béquilles et aidé par sa femme, Pierre se rend à la grotte ; il y prie quelques instants, puis il essaye de faire le tour du sanctuaire comme les autres pèlerins ; mais au troisième tour, épuisé, il réclame l'aide de sa femme pour se traîner jusqu'à un banc. Il prie encore et demande sa guérison pour pouvoir nourrir sa famille. Tout d'un coup il éprouve un trouble étrange, se lève, va sans appui ni béquilles s'agenouiller auprès de la statue de la Vierge et fait trois fois ainsi le tour de la grotte.

Il se rend ensuite au château de Mme la Marquise de Courtebourne où l'on constate la guérison : *les deux plaies étaient cicatrisées ; les os brisés s'étaient subitement rejoints, sans raccourcissement du membre.*

Le soir, à la gare de Jabbeke, Pierre Blomme, apercevant De Rudder descendant du train, ne peut retenir l'expression de son étonnement : « Que vous avez bien fait, s'écrie-t-il, de ne pas m'écouter. »

L'émotion fut grande dans tout le village et les gens n'en pouvaient croire le témoignage de leurs yeux. Dès le lendemain de cette guérison, le Dr Affenær vint examiner De Rudder et lui dit devant plusieurs personnes : « Pierre, vous êtes entièrement guéri. Votre jambe a été fortement consolidée. Elle est comme celle d'un enfant, et non d'un homme dont la jambe a été brisée. Les moyens humains étaient impuissants à vous rendre la marche, mais ce que ne peuvent les médecins, Marie le peut. En voyant un tel prodige, d'incrédule qu'on était, on se sent devenir croyant. »

Le Dr Van Hœstenberghe, ému par la nouvelle étrange qui était parvenue jusqu'à lui, accourt chez De Rudder, inspecte, palpe, cherche l'ancienne mobilité anormale, il ne trouve rien autre qu'une cicatrice sous le genou, une autre plus grande au dos du pied, et pas le moindre raccourcissement. Le doigt promené le long de la crête du tibia ne révèle aucune saillie à l'endroit de la fracture : c'était donc bien la guérison complète.

Pierre a vécu encore vingt-trois ans, exerçant son ancien métier avec un courage qu'il a fallu souvent modérer à cause de son âge avancé. Il mourut à Jabbeke, d'une pneumonie, le 22 mars 1898, âgé de 75 ans.

Ajoutons enfin que nous avons vu personnellement les os des deux jambes dont l'autopsie avait été faite. Dans une réunion de la Société scientifique de Bruxelles, le Dr Deschamps nous les a montrés et laissé examiner. Le cal était très net sur le tibia et le péroné gauches, mais, phénomène étrange, les deux os n'avaient subi aucun raccourcissement malgré la longue durée de la suppuration du foyer de la fracture.

Le fait matériel de la maladie avec lésion organique a été bien constaté et cela à plusieurs reprises, et par des médecins différents, sans parler des témoins nombreux parfaitement capables, comme tout homme peut le faire, de reconnaître une impotence fonctionnelle aussi grossière ainsi que l'existence des plaies suppurantes : les certificats et les témoignages sérieux contrôlés, existent nombreux, indéniables, indiscutables.

La guérison avec sa soudaineté, sa perfection, sa persistance se trouve donc établie d'une manière irréfutable, sans laisser place au moindre doute.

Cela posé, reste l'explication, l'interprétation du phénomène. Deux grandes objections au caractère miraculeux ou surnaturel sont habituellement mises en avant par les rationalistes et les incrédules : 1° la suggestion et la foi qui guérit ; 2° les forces naturelles inconnues.

Forces inconnues. — Quelques hommes nient purement et simplement le fait lui-même, persuadés que les témoins ont mal vu, mal observé, qu'ils sont victimes d'une illusion. D'autres, en plus grand nombre, acceptent l'événement tel qu'il est rapporté, mais cherchent ou proposent une explication basée sur l'existence de forces inconnues qui se seraient exercées en pareille occurrence : c'est un demi-aveu que le phénomène dépasse les forces de la nature, du moins celles que nous connaissons (1). Disons tout de suite que cette hypothèse, car ce n'est qu'une hypothèse, renverse la science, c'est-à-dire cet ensemble de principes et de lois accumulés par le labeur des savants depuis des siècles, que la supposition demeure toute gratuite, et ne fait que traduire l'embarras de gens désireux de tout tenter, capables d'admettre même l'absurde plutôt que d'accepter le miracle.

Tout d'abord, est-il logique, dans l'état de nos connaissances scientifiques, de croire à l'existence de forces inconnues dont les effets se montreraient plus puissants que celles dont la science nous a révélé l'existence ?

Oui, les savants ont le droit parfaitement légitime de faire des hypothèses ; nombre de découvertes aussi intéressantes que fécondes en résultats heureux ne reconnaissent pas d'autres origines, mais ces hypothèses n'étaient pas gratuites, elles n'allaient pas à l'encontre des lois et principes connus, elles s'appuyaient sur eux, se bornaient à interpréter autrement les faits observés, à étendre leurs applications ; bien loin d'être en opposition avec les connaissances scientifiques antérieures, elles n'en constituaient que le développement et l'épanouissement.

N'oublions pas qu'une loi véritable est immuable, seuls les développements qu'elle comporte sont susceptibles de s'étendre, de se multiplier.

Que deviendraient et l'idée d'ordre et le principe de contradiction, ces bases des observations et des raisonnements scientifiques ? « D'abord nous avons le devoir de ne heurter aucune vérité d'expérience ; ensuite l'obligation de respecter les règles qui en toutes circonstances gouvernent l'activité de notre esprit et au premier rang desquelles figure toujours le principe de

____

(1) *Histoire critique des écénements de Lourdes*, par G. BERTRIN.

contradiction, conséquence d'une nature intimement pénétrée du sentiment de l'ordre qui doit régner dans les choses et que blesserait profondément toute proposition capable d'impliquer l'identité des contraires (1) ».

Enfin s'il existait une ou des forces inconnues, pourquoi seraient-elles au service des seuls fervents de Lourdes, à l'exclusion des savants distingués et chercheurs heureux tels que Charcot, Liébeault, Bernheim, par exemple ?

Non, cette tentative d'explication ne résiste pas à l'examen le plus superficiel et ne mérite pas qu'on s'y arrête ; d'ailleurs examinons les conditions requises et indispensables pour qu'une fracture guérisse.

La consolidation des deux fragments osseux s'obtient par l'immobilisation dans un appareil ; il faut au moins sept à huit semaines pour que la guérison soit complète, c'est-à-dire pour que le blessé ait recouvré la liberté de ses mouvements et qu'il puisse se servir de sa jambe comme auparavant.

Le Dr Lucas-Championnière, chirurgien de l'hôpital Saint-Louis, à Paris, a eu l'ingénieuse idée d'observer les pratiques des rebouteurs et d'adopter ce qu'il y avait de bon dans leur manière de faire ; il a érigé en méthode régulière et scientifique le massage et la mobilisation ; de la sorte les résultats sont beaucoup plus rapides que par l'immobilisation du membre traumatisé : le traitement ainsi dirigé ne demande plus que trois semaines au lieu de six.

Une objection se présente immédiatement à l'esprit : avec les progrès des sciences médicales, nous pouvons espérer réduire de plus en plus le temps nécessaire à la formation du cal osseux, à la soudure des deux fragments. L'observation nous apprend qu'il n'est possible d'appliquer cette nouvelle méthode mobilisatrice que dans un petit nombre de cas, par exemple, la fracture du péroné, le plus petit des deux os de la jambe, car le tibia, gros et solide, joue le rôle d'une excellente attelle fournie par la nature. Par contre, si les deux os, tibia

(1) DE LAPPARENT. *Science et Apologétique*, p. 24.

et péroné, sont brisés, l'ancienne méthode avec immobilisation s'impose forcément avec ses lenteurs commandées par le temps nécessaire à la soudure des fragments et à leur consolidation. Le massage appliqué discrètement avec à propos activera le processus nutritif de réparation mais de peu de jours, il se montrera plus efficace en raccourcissant la durée de l'impotence fonctionnelle du membre ; si le malade guérit plus rapidement, c'est non parce que la consolidation a marché plus promptement, mais parce que les soins ont combattu les inconvénients d'une immobilisation trop rigoureuse. L'expérience séculaire qui nous a enseigné le rôle indispensable du temps dans la guérison d'une fracture, n'est donc pas mise en défaut. Aujourd'hui nous savons seulement corriger les défectuosités de nos anciens moyens thérapeutiques : voilà tout le changement, car il n'est pas en notre pouvoir de supprimer la convalescence et de passer sans transition de la maladie grave à la santé.

Pourquoi la durée ne peut-elle être considérablement diminuée, pourquoi la fracture ne se soude-t-elle pas en quelques instants, et pourquoi ne saurait-on entrevoir cette possibilité pour l'avenir ? La réponse est bien simple, parce que la cicatrisation d'un os brisé exige la formation *de tissu nouveau,* que la guérison, comme celle des plaies et des pertes de substances, réclame un travail biologique compliqué : formation de millions de cellules organiques, leur accroissement, leurs divisions pour en produire d'autres ; puis différenciation de ces cellules embryonnaires selon les régions en épithélium, tissu conjonctif, cartilage, os. Enfin la science biologique nous apprend que toutes ces évolutions nutritives s'effectuent avec ordre, méthode, succession, c'est-à-dire avec la collaboration du facteur temps : il n'est pas permis, sans raison suffisante et expérimentale, de tenir ces lois pour revisables selon les caprices ou les besoins d'une théorie quelconque.

Concluons en affirmant qu'aucun phénomène ne nous autorise à supposer l'existence de forces inconnues que nous découvrirons un jour et qui modifieront nos idées et nos connaissances scientifiques ; cela ne s'est jamais produit depuis l'origine du monde qui nous environne et cela ne peut se produire sans entraîner le bouleversement total des sciences physiques, chimiques et mécaniques : nos connaissances ont été en se développant progressivement, mais jamais une loi nouvelle n'est venue ruiner et remplacer une loi ancienne.

On peut donc dire avec Huysmans (1) que le cas de P. De Rudder constitue « la guérison la plus inouïe qui ait jamais été observée de mémoire d'homme ».

Il nous reste encore à parler de la *suggestion* pour tâcher d'expliquer la guérison de P. De Rudder ; nous préférons relater encore deux cas très intéressants, et celui de la demoiselle Coirin, avant d'en arriver à l'examen des vertus thérapeutiques de la suggestion, à Lourdes, afin de voir le rôle qu'elle peut jouer et apprécier sa valeur curatrice à la grotte de Massabielle.

Religieuse guérie en 1892 pendant le pèlerinage à Lourdes, fin août. — 28 août-3 septembre : Pèlerinage de Cambrai — Maladie des intestins. — Inanition absolue. — La mort paraît imminente.

Sœur Marie de la Présentation est née le 15 février 1848. D'une bonne santé habituelle, elle entre en religion chez les Sœurs Franciscaines de la Propagation de la Foi de Lyon. Elle vient à Lille pour s'adonner aux soins des vieilles infirmes. En 1880, elle commence à éprouver des troubles digestifs peu accusés ; de temps en temps surviennent des crises intenses de colique avec diarrhée. Dans l'intervalle, la santé se maintient, mais la fatigue fait revenir les crises plus fréquentes. Après plusieurs années de cet état de santé, les traits se tirent, l'amaigrissement se prononce.

Vers l'année 1888, les troubles dyspepsiques, avec coliques violentes suivies de diarrhée, augmentent et se rapprochent. La Sœur continue son emploi, mais elle

____

(1) Huysmans. *Les Foules à Lourdes.*

se fatigue beaucoup plus rapidement. Dans les années suivantes elle est obligée de se reposer à différentes reprises. Cependant ses forces baissent, son amaigrissement s'accentue. Bientôt des douleurs névralgiques intercostales apparaissent au côté gauche par accès et sont très pénibles.

En mai 1892, elle est obligée de cesser tout à fait ses occupations et d'entrer à l'infirmerie, où nous lui donnons nos soins. La dyspepsie s'aggrave, l'appétit s'en va, les crises douloureuses deviennent plus fortes et plus fréquentes. Tous les aliments réveillent les douleurs et provoquent la diarrhée. A peine réussit-on à faire supporter un peu de lait. On ne peut dire vraiment comment la malade parvient à soutenir son existence. Des vomissements surviennent de temps en temps et augmentent la gravité de la situation.

Malgré tous les soins, en dépit de tous les médicaments, nous voyons la malade s'affaiblir et marcher à grands pas vers la tombe. Sa voix est éteinte ; elle ne quitte plus le lit que pour se traîner à son fauteuil. Sauf les phénomènes du côté de l'estomac et de l'intestin et les douleurs du côté gauche, nous n'avons jamais trouvé le moindre symptôme pathologique du côté des viscères. Rien d'anormal ni au cœur, ni à la poitrine.

Ajoutons que cette Sœur a toujours été une bonne religieuse, soumise, travailleuse, énergique, caractère égal ; bref aucun phénomène nervosique n'a pu être découvert chez elle dans sa vie passée. Notre diagnostic était un peu indécis ; nous pensions à une tumeur maligne de l'intestin, et peut-être à de la tuberculose intestinale. Mais notre pronostic était très sombre, M. le Dr Augier d'abord, puis nous ensuite, n'avons pu qu'assister impuissants à la marche du mal.

La malade était considérée comme pouvant vivre cinq ou six semaines au plus, quand sa Supérieure, Mère Saint-Paul, nous fit part du vif désir qu'éprouvait la malade de partir à Lourdes avec le pèlerinage diocésain de Cambrai. D'ailleurs, se faisant peu d'illusions, elle voulait aller à Lourdes avant de mourir.

Comme médecin, nous ne pouvions engager la malade à entreprendre, dans l'état où elle était, le voyage de Lille à Lourdes en train de pèlerinage. D'autre part, nous n'avions pas le droit de nous opposer à la satisfaction du pieux désir de la malade qui avait toute sa lucidité d'esprit. Nous répondîmes : « Je ne puis engager la Sœur à partir ; humainement, c'est une folie ; cependant comme elle mourra sous peu, il ne s'agit pour elle que de succomber en route ou de terminer sa vie ici quelques jours plus tard. Représentez-lui la gravité de son état, et, si elle persiste, je lui donne carte blanche. »

Bref, le 29 août 1892, un lundi matin, elle est conduite en voiture à la gare de Lille dans un état de faiblesse extrême. On la couche sur un matelas dans un des wagons du train de pèlerinage et elle part pour Paris. Le voyage ne présente aucun incident à noter jusqu'à l'arrivée à la bifurcation du chemin de ceinture où elle est prise de coliques très violentes. A ce moment on signale la butte de Montmartre avec l'église du Sacré-Cœur où l'on prie avec tant de dévotion, raconte un prêtre du wagon. Désir grand de la malade d'apercevoir la basilique. Elle se cramponne aux banquettes, et aidée de sa compagne, elle parvient à l'apercevoir en se soulevant.

Elle constate bientôt que ses douleurs ont disparu et qu'elle n'a pas eu de selle depuis quelque temps ; elle peut même rester assise sur un matelas. Sa respiration incomplète jusque-là comme chez tous les malades profondément débilités se fait amplement, sans gêne aucune, et lui procure un bien-être inconnu depuis des mois. Le temps de se reconnaître et elle réussit à s'asseoir sur une banquette, quittant seule son matelas.

Elle éprouve le désir de manger, ce qui ne lui était pas arrivé depuis longtemps. Les provisions étant rudimentaires, sa compagne ne peut lui offrir que du pain et du fromage, à elle qui, depuis le mois de mai, ne supportait que quelques cuillerées de lait par jour et pas même un biscuit. Notre malade mange donc son pain et son fromage avec appétit ; elle n'éprouve cependant ni coliques ni diarrhée.

Durant le reste du voyage, elle prend du chocolat, de la langue fumée, du pain ; tout cela digère très bien, sans coliques, sans diarrhée. A noter que depuis son départ, lundi matin, jusqu'à son retour, samedi soir il n'y a pas eu une seule selle, alors qu'un demi-biscuit, avant son départ, lui donnait une colique et la diarrhée. Enfin, elle a chanté durant le voyage avec les pèlerins, tout en restant assise sur la banquette jusqu'au soir.

Arrivée à Lourdes mardi à midi. Elle se repose une demi-heure sur un matelas, puis on la voiture à la Grotte ; après ses dévotions, on la revoiture à l'hôpital où elle va et vient doucement dans les salles. Le soir, elle se rend seule à confesse à la chapelle de l'hôpital. La nuit est bonne et le mercredi matin elle fait la sainte communion à la chapelle, vers 9 heures.

Elle prend ensuite du café noir et s'en va à pied, simplement au bras de Sœur Hyacinthe, sa compagne, à l'église du Rosaire.

Récit de la malade elle-même.

« *Mercredi.* — Arrivée à l'église du Rosaire, là j'ai ressenti des douleurs dans l'estomac comme je n'en avais jamais ressenti dans tout le temps de ma maladie et un sentiment de tristesse que je ne pouvais définir. Après cela, je suis partie au bras d'une des Sœurs, à la piscine, où j'ai reçu la bénédiction de Monseigneur de Nîmes avant d'aller prendre mon bain. En sortant du bain, je me suis habillée moi-même sans sentir aucun mal, avec une facilité et une force qui m'étonnaient. De suite, je suis partie à l'église du Rosaire, je courais plutôt que je ne marchais ; j'ai entendu une messe en action de grâces et après la messe je me suis rendue à l'hôpital de Notre-Dame des Sept-Douleurs. En arrivant, j'ai pris une tasse de bouillon avec un morceau de veau, ce qui a été très bien digéré ; après, je suis repartie à la Grotte, j'ai repris un second bain dans l'après-midi et, à la sortie de mon bain, je me suis sentie de plus en plus forte. J'ai monté avec une grande facilité les marches de l'escalier qui conduit à la Basilique. Arrivée là, on tendait une corde pour barrer l'entrée, je suis redescendue avec la même facilité que j'étais montée. En rentrant pour souper, j'ai rencontré ma Sœur qui m'avait conduite par le bras le matin, elle a été si étonnée de me trouver si bien qu'elle courut m'embrasser ; elle a voulu m'emmener chez deux de nos Sœurs qui étaient logées avenue de la Grotte ; je suis montée en toute hâte jusqu'au deuxième étage tant j'étais contente de leur faire savoir que j'étais guérie ; elles m'ont invitée à souper avec elles ; j'ai mangé un œuf dur, une pêche et puis une grappe de raisin. Après cela nous sommes parties ensemble à la procession aux flambeaux. je l'ai suivie sans fatigue et j'ai chanté comme les autres. Après je me suis rendue à l'hôpital, prendre du repos.

« Je me suis levée à deux heures du matin pour aller à l'église du Rosaire et j'ai repris un bain vers dix heures, et, après dîner, je suis partie à Bétharram avec les autres pèlerins ; j'ai fait toutes les courses à pied et suivi les stations du chemin de la Croix sans l'aide de personne. Le pèlerinage s'est terminé sans éprouver aucune fatigue.

« Sœur Marie de la Présentation. »

A son retour, la maigreur n'avait pas disparu sans doute, mais déjà la mine était meilleure, en dépit du voyage fatigant. Les forces étaient revenues en partie et la santé apparaissait parfaite.

Depuis lors, cette religieuse est restée dans l'asile où nous sommes médecin, et n'a jamais présenté le moindre trouble rappelant ses souffrances d'autrefois. D'ailleurs, santé assez bonne pour n'avoir jamais gardé le lit depuis et n'avoir jamais eu besoin de nos soins. Dès son retour, elle a repris ses occupations.

Une seule exception : en 1897, elle fait une chute, se contusionne la région fessière et contracte à la suite une sciatique du même côté qui la fait souffrir cinq à six semaines. Après cela la santé redevenue très bonne se maintient excellente encore en ce jour, le 29 janvier 1898.

Conclusion. — Affection grave, de longue durée, marche régulièrement progressive pendant longtemps. Les soins de deux médecins, soit successivement, soit ensemble, demeurés vains. Pèlerinage à Lourdes et guérison subite en chemin de fer, en vue de Montmartre que la malade ne comptait pas voir. Enfin persistance entière et complète de la guérison depuis le 29 août 1892. *Donc, guérison extraordinaire* (1).

Lille, ce 12 février 1898.

Dr LAVRAND,

Professeur de la Faculté catholique de Lille,
Médecin de l'Asile des Cinq-Plaies.

La Sœur depuis lors a soigné les malades dans l'Asile sans interruption, c'est-à-dire que sa santé s'est maintenue ; nous en avons été le témoin comme médecin de la Maison. Nous ne pouvons signaler qu'un court séjour à l'infirmerie à la suite d'une chute et le fait suivant, mais rien, comme maladie, n'a rappelé les souffrances disparues depuis 1892.

Les premiers jours d'août 1906, Sœur de la Présentation, venant de faire une injection de morphine à une malade atteinte d'un cancer, se pique le doigt avec l'aiguille. Immédiatement, la Sœur baigne son doigt dans l'eau phéniquée ; ensuite, la Sœur infirmière lui applique un antiseptique, mais une douleur très vive, comme celle d'un mal blanc, se fait sentir. Le doigt a été traité par des bains adoucissants, pendant trois semaines, la Sœur a beaucoup souffert dans la main et quelquefois dans tout le bras, le doigt était enflé comme s'il avait dû suppurer. Un léger accident survint : le mouvement que fit la Sœur en fermant un tiroir lui causa une douleur dans la main, puis un gonflement qui dura trois mois pendant lesquels elle a eu de violentes douleurs.

(1) V. *Annales de N.-D. de Lourdes.*

L'affection s'est montrée très tenace et n'a cédé en fin de compte qu'à la compression du poignet selon la méthode de Bier.

Actuellement, juin 1907, Sœur de la Présentation remplit son emploi de garde-malade avec assez de facilité, éprouvant cependant, le matin, dans la main une certaine raideur qui se dissipe après un peu d'exercice.

Nous avons tenu à mentionner ces petits incidents pour suivre avec un soin méticuleux l'état de santé de la Sœur et bien indiquer la persistance de la guérison obtenue il y a quinze ans, car cette persistance possède une grande valeur et constitue un élément important pour l'appréciation de cette cure extraordinaire.

Gabriel Gargam.
Paraplégie traumatique ; gangrène des pieds.

Le 17 décembre 1899, G. Gargam, bachelier, commis ambulant des postes, atteignait à peine 30 ans ; il part de Bordeaux dans le wagon-poste, pour Paris. Le train à l'arrière duquel sa voiture était attachée, s'arrête en pleine voie, dans une courbe, près d'Angoulême, vers minuit, et quelques minutes après l'express qui suivait, le tamponne ; il réduit le wagon en miettes. Gargam est découvert le lendemain dans la neige à 7 h. du matin, sans connaissance ; le choc l'avait lancé à dix-huit mètres de la voie. On le porte à l'hôpital d'Angoulême où il endure une longue agonie de plus de vingt mois. Il était couvert de plaies sur les jambes et la tête et souffrait d'une fracture de la clavicule (1).

Ces divers accidents guérirent rapidement, mais le terrible choc avait produit des désordres intérieurs qui se traduisaient par une paralysie de toute la moitié inférieure du corps. L'alimentation s'effectuait très difficilement.

La maladie alla s'aggravant et en août, huit mois après l'accident, il fallut l'alimenter avec la sonde

(1) Voir BERTRIN, *loc: cit.*.

œsophagienne dont l'introduction causait au malade des souffrances très vives.

Le Dr Decressac, médecin de l'hôpital, appelé à fournir un certificat le 19 décembre 1900, constate entre autres symptômes de la paralysie avec contracture et de l'anesthésie des jambes, de l'exagération des réflexes, de la trépidation épileptoïde du pied, de l'atrophie musculaire très marquée des membres inférieurs et un début d'escharre au sacrum ; il conclut :

« Tous ces symptômes... se sont établis graduellement ; ils constituent une affection de la moelle rachidienne appelée sclérose latérale amyotrophique. Le diagnostic m'a paru pouvoir être posé, à l'exclusion d'autres maladies, telles que la paralysie par compression médullaire ou l'hystéro-traumatisme. » Il voit là « une infirmité permanente peu susceptible d'amélioration, capable plutôt d'évoluer progressivement et fatalement ».

Le 19 juin 1901, dans un rapport supplémentaire, il écrit : « Les conclusions restent les mêmes, en ce qui concerne l'incurabilité de la maladie et l'évolution progressive. »

Depuis quelque temps la gangrène avait atteint les orteils sans provoquer de souffrance à cause de l'anesthésie des membres inférieurs.

Le 12 août 1901, en conformité avec un arrêt de la cour de Bordeaux rendu le 2 juillet, la Compagnie d'Orléans acceptait de donner une somme de 60.000 fr. et de servir une pension de 6.000 fr.

Le 19 août, sur les instances de sa mère, Gargam consent à se rendre à Lourdes avec le pèlerinage national, par condescendance, sans espérer la guérison, sans même y croire, du reste aucun entraînement dans son cœur, aucune ardeur, aucune émotion ; il refuse même de saluer le Christ du calvaire, en arrivant. Enfin par affection pour sa mère, il communie à la Grotte, se laisse plonger dans la piscine, tout cela sans résultats. Le soir, à 4 heures, couché sur le passage du Saint-Sacrement, il perd connaissance et ses voisins croient la mort imminente. Cependant, au moment où passe le Saint-Sacrement, il revient à lui, essaie de se soulever, prie qu'on l'aide, veut descendre de sa planche. Il y réussit, se dresse debout et fait même quelques pas derrière le Saint-Sacrement.

Ce moribond, épuisé par vingt mois de maladie, a recouvré en un instant la sensibilité et le mouvement. Rentré à l'hôpital, il mange comme tout le monde. Il était guéri subitement et complètement.

A son arrivée à Lourdes, malgré une taille au-dessus de la moyenne, il ne pèse que 36 kilogs ; le mollet gauche mesure 0 m. 24, le droit, 0 m. 23 et la cuisse à 0 m. 10 au-dessus de la tête du péroné n'avait que 0 m. 26 de tour.

A quelle affection avait-on affaire ? Pour le Dr Decressac et son second, le Dr Tessier, il s'agissait d'une affection de la moelle épinière, opinion formulée après une longue observation du patient et l'analyse minutieuse des symptômes constatés. Le tribunal avait qualifié le blessé de « *véritable épave humaine* dans laquelle l'intelligence seule n'avait pas été atteinte ».

L'évolution du mal, sa persistance avec aggravation progressive et enfin surtout la gangrène doivent éloigner toute idée de maladie nerveuse sans lésions ; il faut admettre là une maladie organique avec tous ses caractères.

Le cas de Gargam présente plusieurs particularités importantes : 1° le malade n'était pas pratiquant ; il va à Lourdes, non pas de lui-même, mais pour obéir à des sollicitations répétées de personnes de son entourage, par simple condescendance. Il ne demande rien, il n'attend rien, il n'espère rien. Peut-on ici parler de la suggestion capable d'agir sur notre infirme ?

2° Sa maladie est bien organique ; les symptômes, leur évolution progressive, sans à-coup, sans bizarreries névrosiques, les troubles trophiques et notamment la gangrène le prouvent surabondamment.

3° Les deux certificats du médecin en chef de l'hôpital et l'opinion du Dr Tessier démontrent la conviction la plus arrêtée, assise sur une observation prolongée durant vingt mois.

4° Le jugement du tribunal de première instance, puis le jugement confirmatif de la cour de Bordeaux aggravant le précédent achèvent de donner une plus grande autorité au diagnostic des médecins.

5° La guérison subite, complète, persistante, sans rechute, sans séquelle, ni réapparition de troubles nerveux, dénote une intervention supérieure à nos moyens humains quels qu'ils soient et dans son mode d'action et dans la perfection de ses résultats.

Cas de la demoiselle Coirin.

Charcot emprunte le fait au livre de Carré de Montgeron : *La vérité des miracles opérés par M. de Paris et autres appelants* (miracle janséniste publié en 1747 par un auteur janséniste). Nous en donnons les traits principaux.

En septembre 1716, la demoiselle Coirin, *manifestement hystérique*, fit coup sur coup deux chutes de cheval. La seconde fois, elle tombe « sur le côté gauche de l'estomac qui porte à plomb sur un tas de pierres, ce qui lui cause une douleur si vive qu'elle en reste évanouie ». Au bout de trois mois on s'aperçut que le sein gauche était très dur, enflé et violacé. D'après Charcot, il s'agissait d'*œdème hystérique*. Aujourd'hui nous savons interpréter la production de ces phénomènes : la douleur de la chute provoque une paralysie *fonctionnelle* des nerfs vaso-constricteurs, et par suite une dilatation exagérée et permanente des vaisseaux intéressés, puis l'apparition d'un œdème localisé consécutif. Si l'on parvient à suggérer à cette malade, éminemment impressionnable, la ferme conviction qu'elle va guérir, la paralysie des vaisseaux pourra disparaître comme par enchantement, car la circulation régularisée, le sang rentrera dans le torrent circulatoire et la tumeur pourra se fondre en quelques heures.

Il a suffi à la demoiselle de mettre un vêtement qui a touché le tombeau du diacre Paris pour que la tumeur et l'œdème disparaissent.

A l'heure actuelle, personne ne met en doute l'existence de tumeurs dont l'origine peut être purement nerveuse ou fonctionnelle. Par conséquent, rien de surprenant que ces tuméfactions guérissent rapidement et sous l'influence de la suggestion quelle que soit la forme sous laquelle elle se produise, surtout lorsque le patient possède l'assurance que le moyen mis en œuvre le guérira. La foi en la guérison (1), c'est-à-dire plus correctement la confiance en la guérison, ou, pour employer avec Charcot une expression anglaise qui n'ajoute rien à l'idée, la *faith healing* (foi guérissante) a le pouvoir de faire disparaître certaines tumeurs d'origine nerveuse, c'est une notion qui rentre dans le cadre des guérisons de paralysies hystériques ; nous le savons depuis longtemps ; on s'en convainc facilement « en lisant dans l'ouvrage de Benoît XIV les chapitres consacrées à décrire les maladies : cécité, surdi-mutité, paralysie, épilepsie, hystérie, etc... On est bien alors obligé de constater que les théologiens de la Congrégation des Rites n'ont pas attendu Charcot pour connaître et décrire les bizarreries de cet affolement des nerfs qu'est l'hystérie et se mettre en garde contre l'étrangeté de ses effets physiologiques. On voit également qu'il y a 150 ans, comme aujourd'hui, on savait distinguer, sans les cataloguer sous des noms aussi scientifiques, la paralysie dynamique purement nerveuse de la paralysie consécutive ou concomitante à une lésion de la moelle ou d'autres organes (2). »

Après les tumeurs, Charcot s'en prend aux ulcères mais ici le cas devient plus compliqué ; que la plaie soit d'origine nerveuse ou non, il y a lésion de tissus et perte de substance, qui exigent toujours un laps de temps appréciable pour se réparer. Comment s'en tirer

---

(1) La *foi* des malades en leur guérison signifie seulement la confiance qu'ils ont de guérir, car la foi, au sens vrai du mot, est une vertu théologale, c'est-à-dire l'adhésion, humble et sincère, aux vérités que Dieu a révélées au monde.

(2) *La Constatation du Miracle*, par Is. LEROY, in *Science et Religion* n° 168, chez Bloud.,

pour expliquer la disparition subite de la plaie, la réparation de la perte des tissus. Charcot est « sur la question de fait, entièrement de l'avis des médecins des sanctuaires », mais il affirme gratuitement d'ailleurs que « dans tous les cas, la soudaineté de la guérison est beaucoup plus apparente que réelle », et, comme conclusion, sans chercher à étayer cette assertion sur des observations bien faites, minutieusement étudiées, pour toute guérison soudaine d'ulcères rebelles, « qu'on se souvienne, dit-il, du cas de la demoiselle Coirin ». C'est peu, c'est sommaire, on ne reconnaît plus là la méthode précise, scrupuleuse, rigoureuse du maître dans ses investigations scientifiques habituelles.

Nous ne signalons que pour mémoire une brochure du Dr Hipp. Baraduc : *La force curatrice à Lourdes et la psychologie du Miracle*, dans laquelle l'auteur prétend photographier cette force curatrice, « en avoir l'empreinte photo-chimique au moment où de préternaturelle, elle devient naturelle pour produire le résultat matériel, et permet de la saisir expérimentalement » (p. 14). Voici d'ailleurs l'appréciation du Dr Guinier (de Montpellier) : « Ni au point de vue « scientifique », ni au point de vue « religieux », rien ne ressort d'utile ni seulement d'intéressant de tout cet échafaudage d'apparence et de prétention « scientifique » (in *La Voix de Lourdes*, 6 juin 1907). »

SUGGESTION. — Arrivons à la *suggestion* elle-même, proposée comme susceptible de rendre compte directement et explicitement des faits extraordinaires qui se passent à Lourdes.

Nous renvoyons à la définition que nous avons donnée plus haut de la suggestion. Il y a à distinguer : 1° la suggestion hypnotique, et 2° la suggestion à l'état de veille. Bien évidemment, la première est hors de cause : à Lourdes on n'hypnotise pas. Reste donc la seconde, de l'aveu de tous, beaucoup moins puissante dans ses effets sur les patients. Cette suggestion

consiste, nous l'avons vu (1), à introduire une idée
dans l'esprit d'une personne, de façon à l'imposer bru-
talement ou à la faire accepter librement selon les circonstances. Comme toute idée tend à s'actualiser, à se
traduire en acte, on se rappelle l'influence considérable
que nous lui avons reconnue (voir plus haut) (2) sur
la direction et l'utilisation de notre volonté, et sur le
contrôle et la maîtrise à exercer sur nos sensations,
puis sur nos affections et nos sentiments.

Que les nerfs jouent un rôle très important dans les
manifestations les plus diverses de notre vitalité, c'est
un fait incontestable, mais leur puissance reconnaît
des limites et nous avons insisté dans le chapitre « la
suggestion dans la thérapeutique. »

Nous plaçons les maladies nerveuses, celles considérées comme névroses, dans une catégorie spéciale ; aucune difficulté pour accorder à la suggestion une efficacité très grande dans une foule de ces cas. Cependant,
même dans ces circonstances, le pouvoir suggestif
reste limité et les échecs sont fréquents. Témoin les
sujets que Charcot a étudiés, montrés, traités dans
le service de la Salpêtrière avec le peu de succès que
l'on sait : il avoue lui-même ne pas guérir par cette
méthode, pas plus d'ailleurs que par d'autres, de nombreux malades, pauvres créatures, infirmes pour leur
vie du fait de leur hystérie.

Les auteurs sont à peu près unanimes sur ce point (3).
On ne guérit pas par la suggestion les névroses, mais
quelques-unes de leurs manifestations seulement.
De l'aveu de Bernheim (4), « c'est dans le champ des
névroses que la psychothérapie trouve surtout son
application. » Et plus loin : « Quand la neurasthénie
est héréditaire, quand elle est due à une conformation

(1) P.-E. Lévy. *Education rationnelle de la volonté* ; son emploi
thérapeutique.

(2) Voir aussi *Traitement de la volonté et Psychothérapie*, in
Science et Religion n° 419.

(3) V. Dubois (de Berne) ; Grasset (de Montpellier).

(4) Bernheim. *Hypnotisme, suggestion, psychothérapie* (Paris
1903, 2ᵉ édition).

vicieuse du système nerveux, alors, il faut avoir le courage de le dire, elle est le plus souvent incurable. » ...« La liste est inépuisable des manifestations multiples, complexes, variables, qui s'acharnent, avec plus ou moins d'intensité, sur ces malheureuses victimes, au désespoir de leur famille et de leur médecin. »

Rappelons encore, nous l'avons signalé, que même chez les malades atteints d'affections nerveuses, tous les troubles ne relèvent pas forcément de la névrose ; il arrive assez souvent qu'à côté des manifestations pures de la névrose, il apparaisse et existe des symptômes morbides indépendants et conséquence de lésions organiques. Par exemple, Bernheim cite le cas d'une fille de trente ans, un peu hystérique, atteinte depuis l'âge de seize ans d'une hémiplégie gauche incomplète, à laquelle il attribuait une origine organique d'après ses caractères, sa durée et son évolution.

Bref, afin d'éviter les répétitions, nous dirons que c'est dans les maladies nervosiques, sans lésions organiques du système nerveux, c'est-à-dire constituées par de simples troubles fonctionnels, que la suggestion réussit à peu près exclusivement quoique pas toujours. Nous écrivons, à peu près exclusivement, parce que même lorsqu'il existe des lésions organiques, nous avons noté des circonstances où la thérapeutique suggestive réussit à produire une amélioration dans les troubles fonctionnels concomitants et indirectement à modifier favorablement la lésion, mais tout cela exige du temps toujours et se montre bien aléatoire dans les résultats.

En un mot, la puissance thérapeutique de la suggestion, même dans les maladies nerveuses, prises dans le sens de névroses, demeure très limitée et très incertaine.

Si nous passons aux maladies organiques dans lesquelles il y a des altérations cellulaires, des lésions tissulaires, et *à fortiori*, aux ulcères ou pertes de substance et aux fractures osseuses, la suggestion ne saurait à elle seule en déterminer la disparition, car si elle est armée contre le trouble fonctionnel *sine materia*, elle n'a pas de prise sérieuse sur les processus organiques, car nous savons combien peu elle est capable de modifier la nutrition ; de l'avis de Bernheim lui-même son action se montre là très bornée, et très incertaine ; en tout état de cause, elle réussit parfois à favoriser, à déterminer un ensemble de conditions plus aptes à entraîner la guérison, mais pour y arriver, il faut que le temps se mette de la partie ; quand elle est efficace en pareille occurrence, jamais les résultats ne sont rapides ni surtout soudains : elle obéit aux lois ordinaires de la réparation et de la modification des cellules et des tissus, c'est-à-dire que tout se réalise lentement, suivant le mode que nous observons habituellement dans la marche de ces processus réparateurs.

Nous laissons donc de côté tout le groupe de névroses, hystérie, neurasthénie, hypocondrie, troubles purement fonctionnels, où nous admettons l'influence souvent efficace, mais pas toujours, cependant, de la suggestion. Il suffit d'avoir assisté à quelques séances du bureau des constatations à Lourdes, ou simplement d'avoir lu les intéressantes et consciencieuses publications de son directeur, le D\ Boissarie, pour apprécier avec quel soin sont écartées toutes les affections où l'on soupçonne le nervosisme. Quant à nous, nous voulons nous borner aux trois guérisons que nous avons rapportées : toutes les trois elles sortent des limites assignées à la thérapeutique suggestive, sans compter qu'elles ont été observées et suivies avec un soin tout particulier ne laissant place à aucun doute sur la soudaineté et la perfection de la guérison et aussi sur la persistance complète du retour à la santé.

Nous insistons expressément sur l'insuffisance absolue de la suggestion dans ces trois cas bien constatés. *Ab uno disce omnes.* A Lourdes, il existe donc une puissance curatrice supérieure aux forces naturelles. N'en connaîtrions-nous qu'un seul cas, nous pourrions affirmer l'existence de cette puissance préternaturelle, en vertu de ce principe qu'un seul fait positif possède une vertu probante beaucoup plus considérable qu'un nombre aussi grand que l'on voudra de faits négatifs.

Or, nous en citons trois pris dans la masse, il y en a beaucoup d'autres, inutiles d'ailleurs à relater ici pour étayer notre démonstration de l'insuffisance explicative de la suggestion.

Le Dr Fissinger et le professeur Grasset n'admettent pas non plus que la suggestion, même chez des sujets plongés dans l'hypnose, engendre des facultés extraordinaires ou exalte outre mesure leur puissance.

« Chose curieuse, la prolongation des supplices accroissait la résistance des chrétiens. Leur foi grandissait avec la souffrance ; la guérison de leurs plaies s'en montrait activée d'autant. Ces guérisons incroyables des martyrs rappellent certains faits de cures extraordinaires qui s'opèrent sous nos yeux. Nous voulons parler des miracles de Lourdes. Il n'y a pas lieu de sourire ni de nier ; il faut voir. Nous avons trop de tendance à rejeter les faits que nous n'expliquons pas. Un fait est ou il n'est pas. S'il est, sachons l'accepter dès aujourd'hui, quoique obscur, en attendant que l'explication ultérieure vienne l'éclairer demain.... Ce que les médecins n'améliorent point par la suggestion, ce sont certaines lésions objectives dont la transformation soudaine et la disparition à Lourdes ne laissent pas d'impressionner fortement (1). »

Nous lisons ce qui suit dans la *Revue des Deux Mondes* (2) : « Très sagement le Dr Paul Magnien, désigné par le juge d'instruction (dans l'affaire de la voyante de Saint-Quentin), conclut que l'état d'hypnotisme, même le plus développé, ne confère aucune aptitude spéciale. » « En aucun cas, la production de l'état hypnotique ne dote le sujet hypnotisé des aptitudes, de la compétence que peuvent seuls donner la science et l'expérience. En particulier, pour ce qui concerne l'art médical, la prétendue clairvoyance relativement au diagnostic et au traitement est contraire aux faits bien observés et doit être considérée comme inexistante. »

(1) Fissinger, *Science et Spiritualisme.*
(2) Grasset, n° du 1er nov. 1906.

Après avoir établi que dans les trois cas rappelés plus haut, la suggestion a été impuissante à procurer la guérison, nous pouvons affirmer que *la suggestion n'existe pas chez les malades guéris à Lourdes*, nous voulons parler de ceux qui souffrent de lésions organiques et dont le retour à la santé est définitif, sans rechute, et ils sont nombreux.

Citons quelques exemples où la suggestion, telle du moins qu'on pourrait la pratiquer dans le milieu des pèlerins de passage à Lourdes, n'est pas admissible, car on n'y possède pas les moyens dont dispose un grand hôpital comme la Salpêtrière ; en outre les sujets ne sont pas des habitués connus par les personnes attachées à la Grotte, ni des patients entraînés par un long apprentissage.

Georges Leuresle, 31 mois, guéri d'une paralysie infantile (1897). Fernand Balin, 30 mois, est guéri d'une déviation du genou ; Yvonne Aumaître, 23 mois, que le docteur, son père, plonge dans la piscine à sa grande frayeur, sort guérie d'un double pied bot.

Lucie Fraiture a été guérie subitement en 1873 d'un ulcère fongueux du thorax ; nous en avons constaté la trace bien visible en 1886 à Lourdes, au bout de treize ans ; elle présentait la forme d'une cicatrice gaufrée large comme le fond d'une assiette.

Comment admettre dans ces cas pris entre beaucoup d'autres, les effets de la suggestion thérapeutique ? Chez les bébés, cela supposerait pour le moins un développement intellectuel extraordinaire (1) ; chez Mlle Fraiture, la suggestion eût été incapable de guérir subitement une plaie aussi étendue.

Les malades, guéris par l'intercession de la Vierge de Lourdes, le sont dans des circonstances les plus diverses,

---

(1) « Il ne s'agit pas, en l'espèce, d'une grande personne qui peut s'autosuggestionner, en se persuadant d'avance qu'elle sera guérie,.. il faut avoir vu baigner des enfants dans la piscine pour se rendre compte de leur état d'esprit ; à ce moment, ils ne songent pas plus à prier la Vierge qu'à guérir. Ils se débattent en pleurant, en criant, entre les mains des infirmiers qui les tiennent ; et, une fois dans l'eau, ils hurlent jusqu'à ce qu'on les en tire. » HUYSMANS.

au moment où ils n'y comptent bien souvent pas. Tel malade a été plongé inutilement dans la piscine plusieurs fois et il guérit à la Grotte, ou dans la basilique pendant une messe, ou bien lors du passage du Saint-Sacrement à la procession de quatre heures, ou seulement rentré chez lui, alors qu'il ne l'espère plus.

« Pour être suggestionné, il faut être persuadé. Il n'y a pas de suggestion, en dehors de la persuasion.... S'il hésite à le croire, s'il n'en est pas sûr, il n'y a pas de suggestion, et la guérison ne viendra pas... Eh bien, les malades qui viennent chercher la santé auprès de la Grotte, ne peuvent pas être sûrs de l'y trouver, surtout au nom de leur religion. Car on ne saurait trop le répéter, leur religion ne leur permet que l'espérance, et encore une espérance timide, subordonnée aux desseins impénétrables de Dieu, et par conséquent toujours incertaine. Elle fait répéter tout haut, devant eux, et en leur nom : Seigneur, si vous voulez, vous pouvez me guérir.

« C'est en entendant ces paroles qu'un homme compétent disait avec étonnement : — Je croyais trouver de la suggestion ici ; il n'y en a pas (1). »

« L'hypnotisme, dit le Dr Boissarie, ne date pas de longtemps et déjà on reproduit partout et à volonté les expériences les plus extraordinaires, non seulement à Paris, à Nancy, mais dans toutes les cliniques, même sur les planches des théâtres.

« Il y a trente ans que Lourdes existe avec ses foules qui se succèdent, avec ses guérisons et ses miracles sans cesse renouvelés. Je ne connais pas encore de contrefaçon de Lourdes (2). »

Certains malades ne viennent pas demander à guérir, pour des motifs divers ; ils viennent par condescendance comme Gargam, par obéissance envers ses supérieurs comme Mère Marie des Anges du monastère des Clarisses de Lourdes. Où est ici la suggestion, la faith healing ?

(1) BERTRIN, *Loc. cit.*

(2) BOISSARIE, *Lourdes histoire médicale*, chez Lecoffre.

C'est habituellement au nom de la *Science* que l'on mène campagne contre les merveilles observées à à Lourdes. Nous venons de voir, en nous occupant plus spécialement de la suggestion, l'insuffisance de toutes les tentatives d'explications risquées par le rationalisme appuyé sur les données scientifiques. D'ailleurs est-il opportun pour les savants de se montrer si fiers, si irréductibles dans leurs opinions étayées sur des connaissances dont la relativité apparaît de plus en plus aux yeux d'un grand nombre.

Qu'il nous soit permis de citer ici une page de Newman (1) extraite du « Discours d'Oxford » prononcé en 1843, nous insistons sur la date.

« Que dirions-nous, si les propriétés de la matière telle qu'elle nous apparaît, n'étaient que les conditions nécessaires pour qu'elle affecte nos sens, de telle sorte qu'elles ne soient que relatives ; dans cette hypothèse, des faits et des événements qui nous paraissent impossibles, ne le sont peut-être que dans les conditions du système phénoménal qui nous entoure ; qu'à cause de l'imperfection que nous avons conçue des substances matérielles, en conséquence de ces impressions ? S'il en était ainsi, il s'ensuivrait que les lois physiques, telles que nous les considérons, ne sont elles-mêmes que des généralisations de productions économiques, des déductions tirées de figures et d'ombres, et réelles seulement dans le même sens que les phénomènes d'où elles sont sorties. L'Ecriture, par exemple, dit que le soleil se meut, et que la terre est stationnaire, la science que la terre se meut, et que le soleil est comparativement en repos.

« Comment pouvons-nous déterminer laquelle de ces deux assertions est la vérité même, avant de savoir ce que c'est que le mouvement ? Si l'idée de mouvement n'est que le résultat accidentel de nos sens actuels, aucune des deux propositions n'est vraie et toutes les deux sont vraies ; aucune d'elles n'est philosophiquement vraie, mais l'une et l'autre sont vraies pour cer-

(1) *Le Développement du Dogme*, traduct. H. Brémond.

tains points de vue pratiques dans le système où chacune d'elles occupe une place respective. »

Ces considérations de l'éminent esprit qu'est Newman, présentent un très grand intérêt par elles-mêmes et ensuite par l'époque déjà un peu ancienne où elles ont été énoncées. La certitude scientifique n'en n'est pas accrue, ni son empire un peu trop despotique plus solidement assis. On ne peut s'empêcher de faire un rapprochement avec les idées développées par H. Poincaré (1) soixante ans plus tard, à une période où la science se montre si fière de ses progrès.

Cependant Newman, un philosophe et surtout un croyant, se hâte, à l'encontre de nos rationalistes et de nos positivistes contemporains, de corriger l'impression décevante, nihiliste, que pourraient laisser ces assertions dans l'esprit des lecteurs. « Si quelqu'un venait à craindre que de pareilles pensées ne tendissent à un effrayant et désespérant scepticisme, qu'il tienne compte de l'Existence et de la Providence de Dieu, qui est Miséricorde et Vérité, et il cessera d'être accablé sous le poids de son anxiété... Qu'avons-nous à nous inquiéter de la grandeur ou de la faiblesse de la connaissance qu'il nous donne, si c'est lui qui nous la donne ? »

____

(1) *La Science et l'Hypothèse*, chez Flammarion.

Conclusion.

Les maladies guéries à Lourdes, ou à la suite d'invocation à Notre-Dame de Lourdes, en particulier les affections organiques, ne le sont pas en vertu de la seule suggestion exercée sur l'esprit des patients et cela pour multiples raisons.

1° Il faut considérer les âges des malades guéris, la diversité des lieux où se produisent les guérisons, la diversité des moments et des moyens mis en œuvre ; de plus ne pas oublier que les maladies disparaissent même lorsqu'on ne s'y attend pas, même lors que les intéressés ne le désirent pas, même lorsqu'ils sont incroyants.

2° L'émotion des patients ou de l'entourage, la mise en scène à certains moments, les essais de suggestion lorsque les guérisons tardent ou restent rares, rien de tout cela ne fait ou ne multiplie les miracles attendus et ardemment désirés.

3° Si la suggestion est le mécanisme des guérisons, comment expliquer le petit nombre relatif des guéris, dans ces foules enthousiasmées ?

4° Beaucoup de guérisons, par leur soudaineté, leur perfection et leur persistance, apparaissent manifestement au-dessus des effets connus de la thérapeutique suggestive et surviennent fréquemment chez des malades que leurs médecins n'ont pu améliorer malgré leur science, malgré leur habileté, malgré leur prestige et leur autorité.

5° Une seule solution logique s'impose : admettre les effets, par suite l'existence de forces préternaturelles, c'est-à-dire de forces plus puissantes, de forces plus efficaces que celles mises habituellement à notre disposition, soit par leur nature, soit même plus simplement par la rapidité et l'intensité dans leur action. Mais alors il faut admettre un Être tout-puissant qui commande comme Il veut à ces forces, de qui nous dépendons, et renier l'orgueilleuse et indépendante devise : Ni Dieu ni maître. Là est le véritable nœud de la question, là gît la pierre d'achoppement pour beaucoup.

TABLE DES MATIÈRES

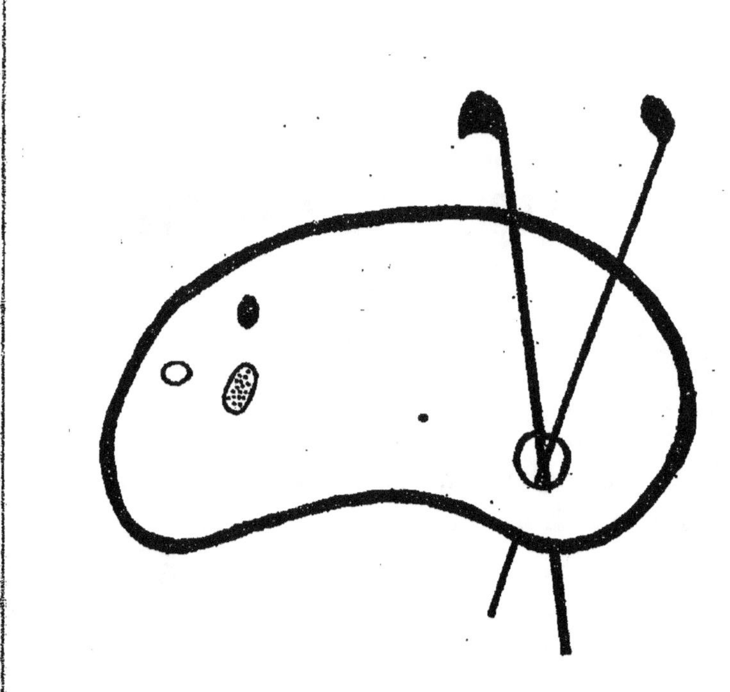

ORIGINAL EN COULEUR
NF Z 43-120-8